# 환경수업도 업사이클링이 필요해

# 환경수업도 업사이클링이 필요해

**펴낸날** 2024년 5월 22일

**지은이** 심정은
**펴낸이** 주계수 | **편집책임** 이슬기 | **꾸민이** 박효빈

**펴낸곳** 밥북 | **출판등록** 제 2014-000085 호
**주소** 서울시 마포구 양화로7길 47 상훈빌딩 2층
**전화** 02-6925-0370 | **팩스** 02-6925-0380
**홈페이지** www.bobbook.co.kr | **이메일** bobbook@hanmail.net


ISBN 979-11-7223-009-8 (03330)

기후위기 시대, 지속가능한 삶을 위한 환경교육

# 환경수업도 업사이클링이 필요해

마을연계교육

학교자율시간

교사교육과정

심정은 지음

새파란 하늘에 흰 구름이 흩어진 김포 걸포중앙공원,
가을은 파란 잉크를 뚝 떨어뜨린 듯 시리도록 파란 하늘을 자랑한다.

서천 갯벌 부지런한 생명들의 흔적,
자연 모두가 둥글게 사는데 인간만이 네모지게 사는 듯하다.

모든 것을 포용한 우포습지의 새벽,
산자락 아래 너른 들녘은 고요히 아침을 준비한다.
환경교육을 이야기하기 전, 자연의 아름다움에 흠뻑 취해보자.

작가의 말

## 햇귀마을 환경교육 이야기

: 환경에 눈을 뜨는 순간은 그냥 오지 않는다

이른 봄, 빠르게 지나치는 길가에는 연둣빛 잔디 위로 듬성듬성 움튼 하얗고 노란 점들이 흩뿌려져 있습니다. 점들은 여름 잔디처럼 푸르게 빛났다가 가을바람에 누렇게 시들었다가 겨울눈에 하얀 밭이 되었다가를 반복합니다. 아이는 그들이 누구인지는 크게 궁금해하지 않았습니다. 어른들은 그들을 잡초라고 불렀거든요. 이른 봄꽃들이었을 그들은 어린 시절 제게 그저 잡초였습니다.

그들의 이름을 알기까지 참 오랜 시간이 필요했습니다. 어느 해 봄, 어른이 된 아이는 발을 멈추고 키를 낮추어 점들을 들여다보았습니다. 그제야 하얀 것은 냉이요, 노란 것은 꽃다지라는 것을 알게 됩니다. 예비교사로서 마지막 해, 어느 교수님이 내준 학기 과제 때문이었습니다.

과제 덕에 야생화를 촬영하는 동호회 활동을 하게 되었고, 일주일에 두세 번은 이름난 공원들을 누비고, 어느 날은 가파른 산을 오르며 알게 되었습니다. 우리 주변에서 피고 지는 많은 잡초에게도 저마다 이름이 있다는 것을요.

이름을 알게 되자 그들은 제게 일개 잡초가 아닌 꽃이 되었습니다. 꽃이 되자 작은 실수로라도 밟고 싶지 않은 귀한 생명이 되었습니다. 작은 관계 맺기가 시작되고서야 주변 환경에 눈을 뜨는 순간이 찾아온 것입니다.

길가의 작은 꽃들은 소중한 생명입니다. 그러나 제가 이름을 알고 관심을 가지기 전까진 그저 길가의 작은 점들이었습니다. 운이 좋은 누군가는 '참 작은 꽃이 있구나'하고 잠시 생각했을지도 모릅니다. 그러나 누군가에게는 때가 되면 예초작업을 당하는 것이 당연한, 쓸모없는 잡초로 평생 보였을지도 모르죠. 일상적인 공간이 주는 의미는 그래서 매일 같을 수도, 혹은 다를 수도 있습니다. 우리는 우리가 가진 관심만큼만 주변을 보니까요.

다행히 야생화와 친구가 된 예비교사는 김포의 한 자락에 햇귀마을을 꾸렸습니다. '햇귀'는 '해돋이 때 처음 비치는 햇빛'이라는 뜻의 옛말입니다. 제자들이 세상의 어두운 밤을 걷어내는 첫 햇빛처럼 귀한 사람이 되길 바라는 당찬 새내기 교사의 포부였습니다. 햇귀마을 선생님은 첫 아이들에게 야생화를 친구로 소개해 주었습니다. 일련의 과정들은 숨 쉬듯 자연스러웠습니다. 그렇게 햇귀마을에서는 선생님도 아이들도 모르는 사이 생명존중교육이 시작되었습니다. 야생화를 시작으로 환경을 본격적으로 연구하게 된 선생님은 학교에서 마을로, 우리집에서 이웃으로, 우리나라에서 세계로 공간을 확장하며 아이들이 환경에 눈을 뜨는 순간을 만들어주기 위해 노력하였습니다.

그러는 사이 선생님은 중견 교사가 되었고, 환경교육은 그 어느 때보다 중요한 시기를 맞이하였습니다. 유난히 더운 여름, 예년 기록을 갈아치우는 폭염과 집중호우 등 우리가 이상기후라 부르던 현상은 어느 순간 이상하지 않은 일상이 되었습니다. 계절 감각을 잃기는 꽃들도 마찬가지입니다. 봄꽃은 이제 봄에만 피지 않습니다. 오랫동안 학교 화단에서부터 환경 이야기를 해오던 선생님에게는 그동안 해왔던 수업을 전면 수정해야 할 만큼 충격적인 일이었습니다. 학교 환경교육의 의무화는 우리가 인류세에서 살아남기 위한 마지막 희망일지도 모릅니다.

그러나 준비 없이 환경교육을 시작해야 하는 학교 현장은 어떤 환경교육을 어떻게 실천할지에 대한 고민에 빠졌습니다. 고군분투하는 선생님들에게 저는 이렇게 말하고 싶습니다. 환경교육을 이론적으로 깊이 파고들지 않아도 이미 교육의 가치를 이해하고 있는 선생님들이라면 아이들에게 환경에 눈을 뜨는 순간들을 얼마든지 만들어줄 수 있다고요.

이 책은 환경교육을 교육과정으로 접근할 수 있도록 20년 동안 차곡차곡 만들어 온 햇귀마을의 수업 장면을 구체적으로 보여주며 교사교육과정을 디자인하는 새로운 관점과 구성법을 제시하였습니다. 또한, 학급을 경영하는 교사라면 누구라도 자신의 관심 분야가 무엇이든 그곳에서부터 지속가능성의 가치를 담아야 한다고 이야기하였습니다. 교육과정 전문가인 교사가 교육과정 재구성을 통해 아이들이 지속가능한 삶을 살아가도록 도울 수 있으며, 교사 스스로가 도전하고 실천하며 즐기는 수업이 모두 환경교육이 될 수 있음을 이야기하고 싶기 때문입니다.

아무쪼록 환경교육을 즐겁게 실천하고 있는 옆반선생님의 수업을 부담 없이 흘끗거리는 마음으로 이 책을 읽어보시면 좋겠습니다.

2024년

심정은

## 차례


작가의 말 – 햇귀마을 환경교육 이야기 ······ 6

무엇을 위한 환경교육인가요? ······ 12

1장 지구가 아닌 우리를 위한 생태적 전환 ······ 24

1. 환경적 관점, 세상을 바라보는 시선이 달라진다
   - 신도시 아이들에게 던진 질문 ······ 29
   - 환경적 관점에서 통찰적 탐구 더하기 ······ 35
2. 마을 연계 환경교육, 자기환경화를 강화하다
   - 앎과 삶을 이어주는 마을 ······ 42
   - 마을 연계 환경교육의 기본 방향 ······ 49

▶ 수업 기획: 환경적 관점으로 마을을 바라보기 ······ 61

2장 생태적 전환을 위한 환경교육, 참 쉽죠? ······ 66

1. 생태적 전환을 위한 환경교육, 어떻게 시작할까?
   - 학교 교육과정으로 지속 가능한 미래교육을 꿈꾸다 ······ 71
   - 학교자율시간은 왜 2022 개정 교육과정의 꽃일까요? ······ 73
   - 체계적인 교육과정적 접근, 환경교육을 위한 환경학 ······ 77
2. 5가지만 기억해: 5가지 영역으로 체계화하기
   - 환경교육을 위한 환경학의 5가지 영역 이해하기 ······ 80
   - 줍깅이든 플로깅이든 그냥 하지 맙시다 ······ 101
   - 5가지 영역으로 교육과정 주무르기 ······ 107

▶ 수업 기획: 5가지 영역으로 환경 프로젝트 만들기 ······ 124

3장 나로부터 시작하여 세계와 함께하는 환경수업 ········128

1. 학교 화단에서 스스로 시작하기

- 아기 새 발을 만드는 건 스스로 해야 할 일 ··························· 134

- 배움의 주체가 되어 앎을 행하기 ··········································· 140

2. 마을에서 통합적으로 접근하기

- 더 좋은 우리 마을, 우리 손으로 ·········································· 149

- 우리 마을에서 시작하는 환경인 되기 ··································· 157

3. 가족과 함께 지구인으로 성장하기

- 꼬마 판다의 가족이 되어준 햇귀들 ······································· 166

- 환경기념일, 가족과 함께 세계와 연대하기 ···························· 172

▶ 수업 기획: 우리 학교에서 세계와 연대하기 ························ 179

4장 나만의 브랜드, 지속 가능한 환경수업 ···················· 184

1. 내 환경수업, 혹시 그린워싱?

- 진짜 에코백을 찾아가는 십년지기 이야기 ····························· 190

- 나만의 지속 가능한 수업으로 업사이클링하기 ······················ 198

2. 나의 삶에서 지속 가능한 미래를 꿈꾸다

- 내가 좋아하고 잘할 수 있는 곳에서 시작하기 ······················ 211

- 내가 즐거운 지속 가능한 삶 만들기 ······································ 220

▶ 수업 기획: 내가 즐거운 지속 가능한 수업 만들기 ·············· 227

부록 ··························································································· 230

# 무엇을 위한 환경교육인가요?

: 지구인이 아닌 교육자로서 환경교육의 가치를 논하다

**– 똑똑똑, 어떤 환경교육을 하고 있나요? –**

"엄마, 선물! 내가 만든 거야."

어느 날, 아이가 불쑥 내민 키링. 양말목으로 만든 공예품이었습니다.

'이런 것도 나오네.'

활동한 아이들이 참 좋아했겠다 싶었습니다. 리사이클링이란 단어를 떠올리게 했던 초기 양말목 공예품과는 달리 쨍한 색상이 무척 고왔거든요. 강의용 예시자료로 들고 다니는 양말목 작품들은 색상도 제각각, 채도도 낮아 예쁘다고 표현하기가 좀 어려웠습니다.

아이가 체험할 때 쓴 비닐포장지에 키링을 담아온 덕분에 만들기 방법이 적힌 설명서와 제조사 정보 등을 볼 수 있었습니다. 검색해보니 부산물 재활용이라는 의도와 달리 양말목도 예쁘게 생산 중이었습니다. 탄소중립, 업사이클링 등 환경교육 수요가 많아지니 생긴 변화라고 생각이 들었어요. 필요한 색상을 골라 구매할 수도 있고, 개별 키트형으로도 만들어져 교사가 일일이 재료를 나누거나 먼지가 가득한 실밥을 떼어낼 필요도 없었습니다. 체험형 활동을 하기 참 편리하겠더군요. 제작 과정도 어렵지 않고, 좋은 결과물을 얻을 수 있다는 장점도 있지요.

환경수업의 제목은 업사이클링 작품 만들기. 아이는 2시간의 활동으로 나름 업사이클링을 경험하였습니다. 아이는 업사이클링이란 단어를 이미 알고 있었어요. 쓸모없거나 버려지는 것에 새로운 가치를 담는다는 의미가 있다는 것을요. 하지만 오늘의 재료가 정말 버려진 양말목인지, 생산의 어떤 과정에서 생겨난 것인지, 앞으로 버려지는 것을 줄이기 위해 어떤 실천을 해볼 수 있을지는 선뜻 설명하지는 못했습니다. 다음 만들기 시간이 기대된다는 소감으로 그날의 대화는 마무리되었습니다. 정말 아이가 환경교육에 참여했다고 말할 수 있을까요?

초기 환경 보드게임 활용 수업을 진행했던 에피소드 중에도 웃지 못할 사례가 있습니다. 처음 환경 보드게임을 발견하였을 때, 쉽게 활용할 수 있도록 만들어진 재미있는 교구들이 반가워 학급운영비를 받자마자 구매하였어요. 그중 젠가형 보드게임은 수업자료로 쓸 생각이었지만 아이들이 쉽게 즐기는 게임인지라, 환경교육을 놀이처럼 다가갈 생각으로 쉬는 시간에 우선 가지고 놀 수 있도록 해주었습니다. 조건은 딱 한 가지, 뺄 때마다 작은 나무 막대기에 새겨진 생활 속 친환경 행동들을 읽고 내려놓으라는 것이었습니다. 환경 행동이란 어떤 것인지 미리 알아두길 바란 것이죠.

아이들은 즐겁게 게임을 시작했습니다. 문제는 차곡차곡 쌓인 막대기 위에 놓인 북극곰 피규어 때문에 벌어졌어요.

"어, 환경 행동을 읽었는데 북극곰이 떨어졌네?"

하나씩 나무 막대를 제거하는 젠가의 놀이법이 아이들이 보기에는 친환경 행동을 읽으면 읽을수록 북극곰이 떨어진다고 느껴졌던 모양입니다. 젠가를 정리하는 것처럼 우리가 실천하는 환경 행동이 차곡차곡 모여 북극곰을 지켜줄 수 있다고, 환경 행동이 적힌 나무 막대를 빼 버리는 것처럼 일상 속에서 실천을 하지 않으면 북극곰이 위험해진다고 간단히 이야기라도 하고 게임을 시작했으면 좋았을 뻔했습니다.

급식 잔반 때문에 늘 고민인 영양 선생님에게 새로운 고민이 생겼습니다. 탄소중립이 우리 사회의 화두로 떠오르기 훨씬 전부터 음식물 쓰레기를 줄이기 위한 노력은 많았습니다. 십여 년 전에도 수다날(수요일은 다 먹는 날)을 실천하는 학교 기사를 찾아볼 수 있지요. 영양 선생님은 오랫동안 수요일이면 잔반을 쉽게 줄이도록 식재료 쓰레기가 적게 나오는 조리법과 함께 비교적 아이들이 좋아하는 식단을 구성해 왔습니다. 그런데 소의 방귀 논쟁부터 시작된 저탄소 식생활 실천의 대표주자인 채식이 최근 수다날을 통해 급식에 반영되자 수요일 잔반이 오히려 늘어났습니다.

"선생님, 수요일이 싫어요!"

어쩔 수 없이 참여함으로써 환경 행동을 부정적으로 받아들이는 학생들도 걱정이었습니다. 학급별 잔반량을 숫자로 비교하고, 탄소발자국을 계산할수록 걱정은 커졌습니다. 채식 식단을 실천하는 수다날은 난제(難題)가 되었습니다.

잦아지는 이상기후와 팬데믹 덕에 환경에 관심을 가지게 된 선생님. 환경교육을 열정적으로 시작한 선생님에게도 심각한 고민이 생겼습니다.

'환경문제가 얼마나 심각한지 알게 되면 환경 행동이 귀찮고 불편하다고 생각하는 아이들도 바뀌지 않을까?'

그래서 선생님은 해수면 상승으로 고통받는 기후 난민과 이상기후로 폐허가 된 세계 곳곳을 보여주었습니다. 앞으로 우리가 바뀌지 않으면 얼마나 암울한 미래를 살게 될지도 이야기해주었습니다. 그런데 같은 수업을 받고 완전히 다른 반응을 보인 두 아이 때문에 앞으로의 환경교육을 어떻게 하면 좋을지 혼란에 빠졌습니다.

"선생님, 무서워요! 너무 걱정돼요."

"이미 늦은 거 같아요, 해봤자 아무것도 달라지지 않을 거 같아요."

우리의 미래를 위한 환경교육, 어떻게 하면 좋을까요?

**- 인류세(人類世), 교육에게 길을 묻다 -**

인류세란, 인간이 지구 기후와 생태계를 급격하게 변화시켜 만들어진 새로운 지질시대를 일컫는 말입니다. 노벨화학상을 수상한 대기학자 파울 크뤼천은 인간이 지구에 막대한 영향을 미치는 현재를 '인류세'라 부르자고 제의하였습니다. 인류세의 대다수 특징은 인간의 환경 파괴와 밀접하게 연관되어 있습니다. 온실가스 농도의 급증, 플라스틱 등의 인공물 증가, 급격한 멸종 등을 대표적인 특징으로 꼽는 인류세는 이제껏 우리가 경험하지 못한 불확실한 미래를 예고합니다. 극단적인 이상기후가 새로운 일상이 되고, 서식지를 잃은 야생동물에 의한 팬데믹은 더 자주 일어날 것이라 말합니다. 20년 넘게 환경교육을 해왔지만, 최근 몇 년 사이 그동안의 변화보다 더 많은 변화가 느껴집니다.

기후 위기와 함께 야기되는 다양하고 복잡한 문제들은 지금까지 우리가 경험하지 못한 속도와 강도로 일어나고 있습니다. 눈앞에 닥친 환경재난에 국제 사회가 탄소중립을 선언하고, 모두가 기후 위기 대응의 근본적인 예방책으로써 '교육'이 중요하다고 입을 모읍니다. 인류의 지속가능성을 지키기 위한 가장 근본적인 예방 해결책은 결국 우리의 인식과 삶의 방식을 변화시킬 수 있는 교육이었기 때문입니다.

이러한 흐름에 따라 우리나라에서도 교육기본법에 환경교육이 들어서고, 2023년 마침내 학교 환경교육 의무화가 시행되었습니다. 사람들은 환경교육이 탄소중립의 실현과 지속가능한 미래를 위해 큰 역할을 해주길 기대합니다.

**- 지속가능한 미래를 위한 교육은 어떤 모습일까? -**

한 사람의 지구인으로서 탄소중립의 중요성과 가시적인 효과를 간과할 수는 없지만, 기후 위기 대응이라는 환경교육의 외재적 가치가 강조될수록 교사로서는 측정하기 어려운 아이들의 성장과 교육의 내재적 가치를 고민하지 않을 수 없습니다.

기후 위기 시대의 지속가능한 미래를 위한 교육을 논하기 위해 먼저 지속가능발전(Sustainable Development: SD)의 의미를 살펴봅시다.

지속가능발전이란?

**미래세대의 필요(NEEDS ↔ WANTS)를 훼손하지 않는 범위에서 현 세대의 필요를 충족시키는 발전**

(출처) 우리 공동의 미래, 세계인간개발회의, 1987년

- ✓ 현 세대와 미래세대를 함께 고려하는 것
- ✓ 우리의 삶에서 꼭 필요한 최소한 것의 찾아가는 것
- ✓ 양적인 성장만큼 질적인 변화를 중요하게 여기는 것

지속가능발전이라는 용어는 1987년 WCED(World Committee on Energy & Development, 세계환경개발위원회)가 발표한 보고서인 〈우리 공동의 미래〉에서 정의하면서 본격적으로 사용되었습니다. 한정된 자원을 가진 하나뿐인 지구에서 경제적 발전은 영원할 수 없음을 깨달은 사람들은 이미 오래전부터 발전 패러다임을 변화시켜야 한다고 이야기하였습니다.

지속가능발전을 실현하기 위해 교육의 역할이 중요하다는 인식이 확산되자, UN 총회에서는 2005년부터 2014년까지를 '지속가능발전

교육 10년(Decade of Education for Sustainable Development: DESD)'으로 지정하였습니다. 그러나 2014년 발간된 최종 보고서는 DESD가 기대했던 성과에는 미치지 못했다고 평가합니다. 이후 UN은 성공적인 지속가능발전을 위해 인류가 함께 노력해야 할 17가지의 지속가능발전목표(Sustainable Development Goals: SDGs)를 제시하게 됩니다.

SDGs는 경제, 사회, 환경을 아우르는 우리 삶의 모든 것입니다. 그러나 기후 위기로 인한 물 부족, 식량문제가 심각해지자 가장 먼저 사회적 약자의 인권이 무너진다는 것을 경험한 사람들은 우리 삶의 토대인 지구환경이 지속되지 않으면 그 어떤 미래도 꿈꾸기 어렵다는 것을 깨달았습니다. 이는 인류세의 진짜 지속가능성에 대한 깨달음이자, 환경의 지속가능성을 위한 교육이 모든 지속가능성을 위한 교육의 전제임을 말해줍니다.

인류세에서 지속가능발전목표 간의 관계는 동등할 수 있을까?

환경교육, 생태교육, 지속가능발전교육, 기후변화교육, 기후 위기 대응교육, 탄소중립실천교육, 생태전환교육, 지속가능한 미래교육 등 다양한 이름으로 이루어지는 교육들은 태동된 기저, 강조점 및 접근법에는 차이가 있으나 궁극적으로 인류의 지속가능한 미래를 꿈꾸는 교육임은 분명합니다. 이러한 맥락으로 이 책에서는 **'우리의 미래를 위해 환경의 지속가능성을 위한 교육'**을 **'환경교육'**이라 정의하고자 합니다.

**- 지속가능한 삶의 가치를 내면화할 수 있어야 한다 -**

기후 위기는 발등의 불입니다. 아무것도 하지 않는 것보다 무엇이라도 하는 게 낫습니다. 하지 않으면 아무것도 일어나지 않기 때문입니다. 그러나 기후 위기가 불러온 불확실한 미래는 환경교육이 안이하게 지식을 전달하거나 생태감수성을 기르는 것만으로는 변화를 일으키기 어렵다고 호소합니다. 기후라는 거대한 규모의 환경문제에 직면한 만큼 개인의 도덕적 양심이나 실천을 넘어 사회 시스템을 변화시켜야 한다고 말합니다.

그러나 탄소가 가져온 문명의 편리함을 버리지 못하는 우리는 어떻게 하면 누려왔던 모든 걸 지속가능하게 할 수 있을지를 고민했습니다. 그렇게 '탄소중립'이 주목받게 됩니다.

탄소중립은 기후변화의 주범인 이산화탄소를 배출한 만큼 흡수하는 대책을 실행함으로써 실질적인 탄소 배출량을 '0'으로 만든다는 개념입니다.

현재를 유지하면서도 발전을 포기할 수 없는 인류의 가장 현실적이며 실천가능한 대응책이라고 생각합니다. 우리가 대기 중으로 탄소를 배출하는 것을 멈출 수는 없지만, 배출된 탄소만큼을 상쇄할 방법은 찾을 수 있을 것이라 믿어봅니다.

1.5℃를 지키기 위한 탄소중립 생활의 실천은 정말 필요하고도 중요해 보입니다. 그러나 지속가능한 미래를 위해 노력하는 사람들의 사례를 살펴볼수록 분명하게 보이는 것이 있습니다. 바로 주변에서 스스로 환경문제를 인식하고 각자의 위치에서 이를 해결해 보고자 시도했다는 것입니다.

이는 우리의 환경교육이 단순히 탄소중립 생활을 실천하는 것이 아닌 자기주도적으로 환경적 가치를 선택할 수 있는 삶의 시발점이어야 함을 이야기합니다. 또한 주체적인 환경 탐구 능력과 지속가능성의 가치와 보람이 체험의 목적인 교육이어야 함을 의미합니다. 이러한 교육을 통해 아이들은 지속가능한 삶의 가치를 내면화하고 그러한 삶을 연습할 수 있습니다.

이것이 우리가 지향해야 하는 기후 위기 시대 지속가능한 삶으로의 전환을 위한 환경교육의 방향이며, 기후 위기의 해결을 강조함에 앞서 우리가 잊지 말아야 할 환경교육 자체의 가치입니다. 탄소중립 실현과 기후 위기 극복은 그러한 미래 세대의 성장으로 자연스럽게 뒤따라오는 결과라고 생각합니다.

탄소중립을 위한 교육인가? 지속가능한 삶의 역량을 위한 교육인가?

옆반 선생님의 수업을 흘끔거리는 마음으로 보라더니, 어려운 이야기가 왜 이리 많냐고요? 아이들과 진정한 지속가능한 삶을 돕기 위해서는 지속가능성과 환경교육의 가치를 바라보는 교사의 관점이 중요하기 때문입니다.

이 책을 읽고 있는 당신이 교사라면 당신은 이미 교육과정의 전문가입니다. 환경교육은 삶의 모든 순간에서 일어날 수 있기에, 교육과정 전문가로서 교사는 지속가능성의 가치를 녹여 수업을 재구성하거나 학급을 경영하는 것만으로도 지속가능한 삶을 다양한 방식으로 이야기할 수 있습니다. 지속가능성을 위한 교육은 단순한 앎이 아닌 수많은 일상에서 지속가능한 미래를 위한 선택을 할 수 있도록 돕는 교육이기 때문입니다.

우리 이것만은 꼭 기억해봅시다. 어떤 이름의 교육으로 환경의 지속가능성을 지키려 하든, 미래를 위한 교육은 아이들이 지속가능한 삶의 가치를 내면화하여 살아가는 주체로 성장하도록 도와야 한다는 것을요. 의무 환경교육 시간을 채우기 위한 일회성의 체험활동, 재활용품을 활용한 미술활동을 위해 만들어낸 재활용할 수 없는 쓰레기, 우울한 환경문제 이야기, 고민 없이 반복하는 탄소중립 캠페인은 오히려 지속가능한 삶을 방해할 수 있습니다. 탄소중립 실천의 경험이 삶에서 지속가능하려면, 아이들이 스스로 지속가능한 가치를 실천할 수 있는 다양한 요소를 배치하고 충분히 배려해야 합니다. 지구인으로서는 눈앞의 문제인 기후 위기를 극복하기 위한 탄소중립을 놓치지 않아야 하지만, 교사로서는 지속가능한 삶을 살아가야 하는 아이들의 성장을 놓쳐서는 안 되겠습니다.

1장

# 지구가 아닌 우리를 위한 생태적 전환

# 1장. 지구가 아닌 우리를 위한 생태적 전환

: '환경적 관점'과 '자기환경화'는 필수다

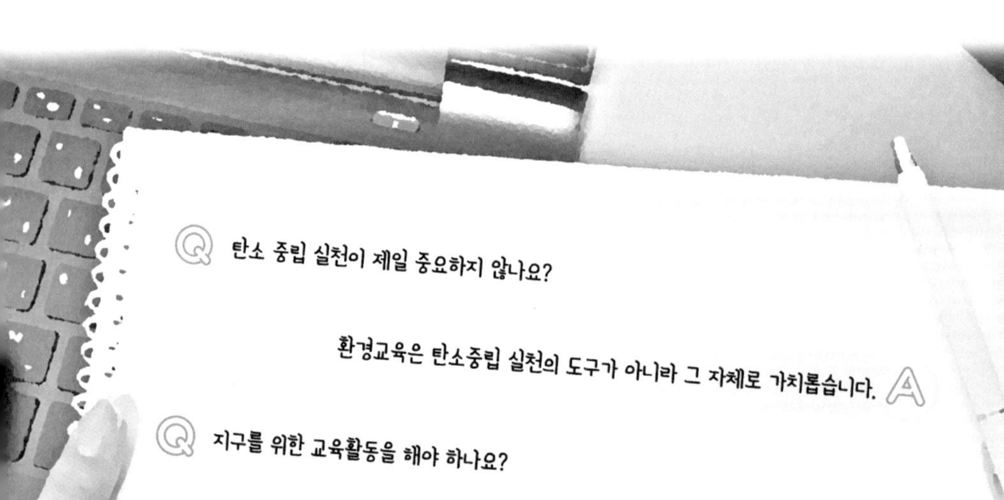

깨끗한 바다를 위한 줍깅, 차가운 지구를 위한 에너지 절약, 멸종위기종을 위한 보호 캠페인 등 지구를 위한 노력이 이어지고 있습니다. 그러나 우리가 흔히 '지구를 위한 활동'이라고 부르는 일들이 '정말' 지구를 위한 활동일까요?

인간은 지구 안에서 가장 힘이 있는 생명체로 살아가는 존재입니다. 그런 우리가 지구의 크고 작은 생태계를 보호하는 것은 참으로 뿌듯한 일이라고 생각할 수도 있습니다. 그러나 그들이 왜 위험에 처했는지 조금만 생각해보면 그들을 위한 우리의 노력은 당연한 일입니다. 결자해지(結者解之), 우리의 잘못을 책임지는 일입니다. 인간 중심적 사고를 벗어나지 못하고 저지른 실수에 대한 반성 없이 그들을 돕고 있다고 생각한다면 그것은 정말 오만한 착각입니다.

"지구는 멸망하지 않는다, 우리가 사라질 뿐."

인류세의 우리는 46억 년의 지구 역사상 여섯 번째 대멸종을 걱정하고 있습니다. 인류의 대멸종은 우리에게는 최악의 시나리오이지만, 지구는 걱정할 것 없는 여섯 번째 대멸종입니다. 지구는 멸망하지 않습니다. 우리가 사라질 뿐입니다. 나를 위해 노력하면서 지구를 위한 행동이라며 뿌듯함을 느끼는, 지극히 인간 중심적 사고에서 벗어나야 합니다. 지구를 위한 행동은 나의 미래를 위한 행동임을 깨닫고, 현재 상황을 인간 중심적 사고가 아닌 **'환경적 관점'**으로 나를 둘러싼 세상을 살펴봐야 합니다.

가만히 내려다본 발밑에는 무수한 생명이 삽니다. 눈에 보이지 않는 작은 생명까지 더하여 상상하면 두 발을 딛고 서 있기도 아찔합니다. 보이지 않는다고 존재하지 않는 것은 아니니까요. 사실 우리가 볼 수 있고 없고의 문제는 크기의 문제가 아닙니다. 관심의 문제입니다. 인간은 오만한 나머지 자신에게 중요하지 않다고 생각하는 작은 생명에게 관심을 주는 일이 드뭅니다. 우리가 특별한 의미를 부여하지 않은 작은 생명이 어느 순간 자취를 감추더라도 우리는 그 사라짐조차 영원히 모를 수도 있습니다. 그들이 사라진 후 우리에게 문제가 발생한다면 운이 좋게 알아차릴 수도 있겠지요.

주변 환경 또한 마찬가지입니다. 우리가 관심을 가지지 않으면 주변 환경 안팎에 존재하는 다양한 관계들과 그들의 상호작용이 무엇을 의미하는지 우리는 결코 알아차릴 수 없습니다. 따라서 우리는 환경적 관점으로 나를 둘러싼 환경과 그들의 관계에서 일어나는 다양한 현상들에 관심을 가져야 합니다. 환경적 관점으로 관심을 가진 후에야 그들이 나와 긴밀하게 연결되어 있음을 깨달을 수 있습니다. 모든 것이 연결되어 있다는 깨달음은 우리가 지속 가능한 삶을 살 수 있는 사람으로, 책임 있는 지구 시민으로 성장하기 위한 첫걸음입니다.

자, 그렇다면 지속 가능한 삶을 이야기하는 환경교육은 어떤 모습이어야 할까요? 교사로서 아이들의 배움을 위해 어떤 수업 상황을 만들어줘야 할까요?

저는 요즘 수업에 쓰이는 용어나 표현에 하나하나 딴지를 걸어봅니다. 혹시 인간 중심적 사고에서 바라보다 선택된 단어는 아닌지 고민해보는 것이지요. 환경적 관점에서 놓친 것은 없는지 더 살펴볼 것은 없는지 생각해봅니다. 아이들 주변에서 일어나는 현상과 연결고리를 찾고 환경적 관점을 기를 수 있도록 다양한 입장에서 질문을 만듭니다. 주변에서 일어나고 있는 크고 작은 문제들이 나와 밀접하게 관계되어 있음을 환경적 관점에서 인식하지 못하면 기후 위기에 대응하려는 노력이 지구가 아닌 나를 위한 것임을 알기 어렵기 때문입니다.

환경교육에서는 '나와 별로 관계가 없다고 느끼는 주변인 비자기 환경을 나의 것, 즉 자기 환경으로 인식하여 본능적이고 적극적인 행동을 나타내는 것'을 **'자기환경화'***라고 이야기합니다. 자기환경화는 아는 것을 행동으로 이끄는 원동력입니다. 지속 가능한 삶의 역량, 앎을 행함으로 이끌기 위해 교사는 아이들의 자기환경화가 적극적으로 일어나는 수업을 만들어야 합니다. 주변 환경을 내 것으로 인식하도록 다양한 수업에서 자기환경화를 위한 여러 장치를 만들어야 합니다.

따라서 우리를 위한 생태적 전환, 생태적 전환을 위한 지속 가능한 환경교육의 시작은 '환경적 관점'과 '자기환경화'가 바탕이 되어야 합니다. 이는 나와 환경이 밀접한 관계를 맺고 있음을 이해하여 주변 환경에서 일어나는 다양하고 복잡한 문제들을 다양한 입장에서 알아차

* 국가환경교육통합플랫폼-프로그램·콘텐츠-환경교육용어사전
https://www.keep.go.kr/front/envWord/envWordListForm.html

리도록 돕는 활동들을 설계하는 것입니다.

제1장 지구가 아닌 우리를 위한 생태적 전환에서는 '신도시 아이들에게 던진 질문'과 '앎과 삶을 이어주는 마을'이라는 수업 장면을 통해 우리의 환경교육이 어떤 방향과 모습을 지닌 수업이어야 하는지 구체적으로 살펴봅시다.

## 1. 환경적 관점, 세상을 바라보는 시선이 달라진다

### 수업으로 살펴보기 신도시 아이들에게 던진 질문

넓은 도로가 나고 뚝딱뚝딱 아파트 숲이 들어서니 와글와글 사람들이 늘어났습니다. 어딜 가든 네모 반듯하게 잘 지어진 새 건물 사이로 활력이 넘칩니다. 부모님을 따라 새집에 이사 온 아이들은 멋들어지게 지어진 학교에서 한 학급의 친구들이 되었습니다.

친구들은 금방 친해집니다. 학교가 끝나면 아이들은 안전하고 재미나게 만들어진 놀이터에서 신나게 놉니다. 저녁에는 가족들과 깨끗하게 잘 정돈된 산책로를 따라 걸으며 이사 오길 참 잘했다고 이야기합니다.

마을은 하루가 다르게 변해갑니다. 높다란 건물도 신기하리만큼 빠르게 지어집니다. 생활을 편리하게 해주는 가게들도 금방 들어섰습니다. 신통방통한 신도시, 아이들은 새집과 새 학교와 새 친구들이 아주 만족스럽습니다.

어느 날, 선생님은 '우리 마을' 하면 떠오르는 생각을 다섯 글자로 표현해보도록 하였습니다.

아이들은 신이 났습니다. 엉터리 비유이든 감탄을 자아내는 단어의 조합이든 하나같이 긍정적입니다. 이제 막 시작하는 신도시라도 생활 반경이 좁은 아이들에게는 모든 것이 잘 갖춰진 모습으로 보이니까요.

"여러분의 마을은 정말 살기 좋은 마을이군요!"

선생님의 감탄에 아이들은 절로 어깨가 으쓱해집니다. 갑자기 마을에 대한 자부심이 한 뼘 더 자라는 듯합니다. 문제는 이어지는 수업 시간에 생겼습니다.

선생님은 아이들이 사는 아파트가 지어지기 전 마을의 모습을 항공사진으로 보여주었습니다. 드넓은 논밭이 펼쳐진 평야, 듬성듬성 작은 한옥들이 보이지만 코딱지만 합니다. 아이들은 마냥 신기해합니다.

"사진 속 마을에서는 누가 살았을까요?"

선생님의 질문에 아이들은 상상력을 발휘합니다. 자동차는 잘 다니지 못할 것 같은 좁은 도로, 손바닥만 한 파란색 양철지붕들, 초록빛이 가득한 논밭, 울창한 나무들. 아이들이 보기에도 사람은 많이 없었을 거 같습니다.

"나무가 있으니까 매미요!"

"논에는 올챙이랑 개구리가 살았을 거 같아요."

"지렁이요! 뱀이요!"

선생님은 어떤 대답이 나오든 다 맞았다고 해줍니다. 진짜 정답들이거든요. 아이들이 이야기하는 동물들은 신도시가 들어서기 전까지 이곳에 살았을 것입니다.

"여러분이 보고 있는 사진은 바로 우리 마을의 옛날 모습이었어요. 자, 그럼 지금의 모습도 살펴볼까요?

한바탕 대답이 끝나자 선생님은 똑같은 지역의 현재 항공사진을 보여주었습니다. 아이들이 익숙한 곳, 내가 다니는 학교와 내가 사는 아파트가 있고, 자주 가는 가게와 매일 놀러 가는 놀이터가 있는 언제봐도 자랑스러운 우리 마을입니다.

선생님은 몇 가지 변하지 않은 자연의 지형지물을 짚어주며 두 개의 사진이 같은 곳이라는 것을 이야기합니다. 아이들은 여전히 믿을 수 없다는 표정이지만, 선생님의 설명을 듣고 나니 하나둘씩 수긍을 하기 시작하였습니다.

"여러분, 선생님은 이 사진들을 보고 궁금한 점이 생겼어요."

아이들은 동그랗게 눈을 뜨고 선생님을 바라봅니다. 우리 선생님은 무엇이 궁금해졌을까요?

"지금 아파트가 지어진 이곳에서 우리가 살고 있어요. 그럼 예전에 우리 마을에서 살던 개구리는 어디로 갔을까요?"

살기 좋은 우리 마을을 다섯 글자로 외치던 똑똑이들은 어디 가고, 교실은 조용해졌습니다. 딴지 전문인 한 친구가 잠시의 정적을 깨고 장난스럽게 한마디를 던졌습니다.

"죽었겠죠."

"죽었다고요?"

"살 곳이 없어졌으니까요."

"아……. 그럴 수도 있겠군요."

굳어진 표정을 감추지 못하면서도 수긍한다는 듯 고개를 끄덕이는 선생님입니다. 사실 선생님은 충격받은 표정을 연기 중입니다. 선생님의 연기에 속은 한 친구가 냅다 소리 지릅니다.

"아니야, 어딘가로 이사 갔을 거야!"

"이사?"

아이들은 서로서로 눈치를 보기 시작했습니다. 우리 마을에 개구리가 이사할 만한 곳이 있는지 생각해보는 중입니다.

"음……. 어디든 논이 있는 곳으로 갔겠지."

아직 어린 친구들이지만 지극히 냉철한 현실주의자와 순수한 이상주의자로 갈려 입씨름을 합니다. 아이들끼리 나름 심각하게 이야기를 주고받습니다. 이제 선생님이 등판할 때입니다.

"여러분 이야기들 다 맞아요. 어떤 동물은 살기가 어려워져 이사 갔을 수도 있고, 어떤 동물들은 친구의 말처럼 살 곳이 없어져 죽었을 수도 있죠. 어떤 식물들은 자기가 살던 땅에 도로와 아파트가 생겨 사라졌을 수도 있어요."

안 그래도 개구리 덕에 고민에 빠진 아이들은 생각지도 못한 식물 이야기가 추가되자 더 혼란스러운 얼굴들입니다.

"지금도 나무랑 꽃들은 많은데요?"

"새로 심었을 가능성이 커요. 여러분의 아파트가 들어선 자리의 작은 꽃들을 하나하나 옮겨 심어주셨을 거 같지는 않은데요?"

잠시 울적함이 교실을 채웁니다. 미처 생각하지 못한 문제들이었으니까요.

“우리는 살기 좋은 마을인데, 원래 이곳에 살고 있던 동식물들에게는 그렇지 못한 마을일 수도 있겠어요. 여러분 생각은 어때요?”

선생님의 질문을 시작으로 아이들은 마을에서 생긴 것들과 사라진 것들을 정리하여 비교해봅니다. 사람들에게 좋은 것들은 많이 생겼는데, 동식물에게 좋은 것들은 많이 사라져 보입니다. 여기에 선생님은 한 번 더 결정타를 남깁니다.

“민들레는 아기 씨앗들을 바람에 태워 멀리멀리 보내는 것은 다 알고 있죠? 지금 우리 마을의 민들레는 아기 씨앗들을 걱정하고 있을지도 몰라요. 아스팔트에 떨어진 아기 씨앗들은 민들레로 자라나지 못할 테니까요. 예전 마을의 모습이라면 흙이 많아 여기저기 어디든 떨어져도 꽃으로 자라날 테지만 지금 우리 마을에서 흙을 볼 수 있는 곳은 많지 않잖아요? 여러분이 민들레 엄마라고 상상해보세요.”

아이들은 마을의 모습을 떠올립니다. 비가 와도 흙탕물 튈 곳 없는 깨끗한 우리 마을은 생각해보니 민들레 씨앗이 자랄 수 있는 곳보다 자랄 수 없는 곳이 더 많아 보입니다.

“논에 살던 개구리들은 어떻게 되었을까요? 알을 낳을 곳도 올챙이가 커갈 곳도 찾기 어려워졌으니 이사 가야 했을 텐데, 우리 마을을 벗어나 새로운 논을 잘 찾아갔을까요?”

쭉쭉 뻗은 도로는 아장아장 걷기 시작한 동생이 파란불이 꺼지기 전에 다 건너기 어려울 만큼 넓습니다. 잠깐 생각한 것뿐인데 개구리들의 이사길이 참으로 멀고 험난했을 거라는 것을 어렵지 않게 예상할 수 있습니다.

잠시 민들레 엄마, 개구리 아빠가 되어 역할놀이도 해 봅니다. 아기 씨앗이 걱정스럽다고, 이사 가기 힘들다고 투덜거리는 역할극 대본이 아이들의 손에서 완성됩니다. 그때의 마음은 어땠을까 등장인물의 마음도 헤아려봅니다.

"우리만 살기 좋은 마을이 정말 살기 좋은 마을일까요?"

아이들은 쉽게 대답할 수가 없습니다. 작은 고개들이 좌우로 흔들립니다. 그렇게 자랑스러웠던 우리 마을의 모습은 모두가 살기 좋은 곳인지 다시 생각해야 하는 문제가 되었습니다. 선생님의 질문 전까지 아이들은 미처 생각해보지 못한 일들입니다. 사람의 시선에서는 찾기 어려웠던 문제였던 것입니다. 다른 생명들의 입장이 되어보지 않고는 인식할 수 없는 문제점들이었습니다.

한 번 물꼬를 트고 나니 단단한 땅에 집을 지어야 하는 개미가, 땅속으로 들어가고 싶은 빗물이, 하늘을 자유롭게 날아다니던 새들이 아파트 숲으로 변한 마을 때문에 저마다 크고 작은 어려움을 겪고 있다는 것이 쉽게 이해하게 되었습니다. 아이들이 볼 수 없었던 것을 알아차리게 하는 선생님의 질문은 아이들에게 주변을 환경적으로 바라볼 수 있는 새로운 시선을 열어주기 시작하였습니다.

**- 환경적 관점에서 통찰적 탐구 더하기 -**

'환경적 관점'이란, 단순히 인간이 아닌 시선에서 환경을 이해하는 것이 아니라 우리를 둘러싼 모든 것들과의 상호작용을 깊이 이해하려는 태도입니다. 환경교육에서의 '환경'은 인간과 주변 환경의 상호작용을 포함하는, 우리를 둘러싼 모든 삶의 환경으로 정의할 수 있습니다. 인간 중심적 사고에서 벗어나 다양한 생태계의 입장에서 현상을 바라보고 통합적으로 세상을 이해하려는 인식의 틀이 환경적 관점입니다.

우리는 인간과 인간이 아닌 것을 분리하여 인간이 자연에 기대어 사는 존재임을 망각하는 커다란 실수를 저질렀습니다. 인간도 지구생태계의 한 구성요소임을 인식하는 환경적 관점은 필수적인 인식 전환의 전제입니다. '생태적 전환'이라 부르는 인식의 전환은 우리가 그동안 생태적으로 살아가지 않았음을 방증하는 말입니다.

환경적 관점에서 바라보면 우리의 일상과 주변에 대해 평소와는 다른 이야기를 해줄 수 있습니다. 환경교육은 복잡하게 연결된 입체적인 세상을 환경적 관점에서 '볼' 수 있게 해줌으로써 지속 가능한 삶을 살 수 있는 역량을 길러줄 수 있습니다. 교사가 환경적 관점을 얼마나 가지고 있느냐에 따라서도 수업에서 나눌 수 있는 이야기가 달라집니다. 학습지에 쓰이는 단어도, 이미지도 달라질 수 있습니다.

환경적 관점에서 환경 학습지를 만들면서 흔히 쓰게 되는 '사람 손에 올려놓은 지구 그림'에 딴지를 한 번 걸어보겠습니다. 이런 그림은 혹시 인간 중심적 사고에 익숙해 나온 결과물은 아닐까요? 우리가 환경을 보호해야 한다는 메시지를 전달하는 그림이지만, 무의식적으로 인간은 자연을 지켜주는 존재라고 여기게 할 수도 있지 않을까요? 인간 중심적 사고에서 벗어나 생태계의 한 요소로서 우리의 존재를 인식하는 데 방해가 되지는 않을까 걱정됩니다. 그럼 우리가 환경과 함께 살아가야 한다는 그림은 어떻게 표현하면 좋을까요? 저는 고민 끝에 지구 안에 평온한 나의 모습을 그려보았습니다. 이 질문만으로도 한 학기 프로젝트는 충분할 거 같네요.

인간에게 환경이란 어떤 존재일까요?

주변의 사소한 일상과 다양한 현상을 환경적 관점으로 바라보지 못한다면, 새로 깔린 편리한 아스팔트로 인해 땅에 스미지 못하는 빗물이나 씨를 퍼뜨릴 때마다 곤혹스러운 식물의 문제를 이해할 수 없습니다. 천편일률적으로 심어지고 잘 가꾸어진 공원의 건강성 문제도, 건물과 간판을 가리지 않기 위해 숭덩숭덩 가지치기 당하는 닭발 가로수의 문제도, 평소에는 전혀 흙을 밟을 수 없는 회색 도시의 문제도 인식할 수 없습니다. 따라서 지속 가능한 삶을 위한 생태적 전환을 이끌기 위해서는 가장 먼저 인간 중심에서 벗어나 환경적 관점으로 세상을 바라볼 수 있게 하는 눈을 길러야 합니다.

만약 교사가 아이들이 스스로 주변을 바라보도록 다양한 생태계의 입장에서 질문을 던지지 않는다면, 환경교육은 환경을 위한다는 명목으로 불편함을 감수해야 한다는 오해를 만들 수도 있고, 친환경행동을 강요하는 형태로도 이루어질 수도 있습니다. 우리는 환경적 관점을 길러주는 환경교육을 통해 우리를 둘러싼 모든 존재와 세계를 인식하는 사고의 전환을 토대로 지속 가능한 삶의 시작이 나를 위한 변화임을 이야기해야 합니다.

아름다운 호수공원, 환경적 관점으로 바라본다면?

이러한 환경적 관점을 바탕으로 지속 가능한 삶의 방식을 궁리하기 위해서는 환경의 상호작용을 깊이 있게 이해하려는 통찰적 탐구가 필요합니다. 전 지구적인 환경재난은 시스템의 문제입니다. 기후 문제는 복잡하게 얽혀있고, 하나하나의 현상들은 우리가 미처 생각하지 못한 문제들과 연결되어 있습니다.

환경을 이해하는 방법은 다양합니다. 앞서 이야기했듯이 우리를 둘러싼 모든 다양한 생태계와 서로 주고받는 상호작용을 통틀어 '환경'이라고 정의한다면 모든 것들은 긴밀하게 연결되어 있기 때문입니다. 그래서 환경을 제대로 이해하기 위해서는 환경을 구성하고 있는 요소들과 작동 원리, 복잡하게 연결된 관계들을 이해하고자 하는 시스템적 사고와 함께 깊은 통찰이 필요합니다. 따라서 환경적 깨달음은 과학적 탐구로 얻는 이해뿐만 아니라 깊이 있는 통찰적 탐구가 함께할 때 가능합니다.

| | 환경문제 | 교수학습방법 | 대상 | 목표 | 접근법 |
|---|---|---|---|---|---|
| 70~80년대 | 생활환경오염 | 친환경행동교육 | 아동<br>청소년 | 심각성 인식<br>개인적 실천 | 분산적<br>(다학문적) |
| 90~2000년대 | 생태계파괴 | 자연체험교육 | 아동<br>청소년 | 생태적 감수성<br>생명윤리 | 체험적<br>윤리적 |
| 20~현재 | 지구적<br>환경재난 | 통합적탐구교육 | 청소년 | 시스템적 사고<br>사회적 실천 | 통합적<br>(간학문적) |

시기에 따른 환경문제, 교수학습방법, 대상, 목표 구분

(출처) 이재영(2022) 기후 위기와 생태전환교육. 2022 환경작가리더 양성교육 워크북 p.19

시대의 변화에 따라 변화해온 환경교육은 이전의 실패를 성찰하여 몇 가지 교훈을 얻었습니다. 환경문제를 환경적으로만 다루지 않고 통합적으로 탐구해야 한다는 것, 환경의 복합적인 연결고리를 이해하는 시스템적 사고와 사회적 실천을 목표로 해야 함을 강조하게 된 것이지요.

'탐구'란 불확실한 대상에 대해 깊이 생각하고 모색해 나가는 체계적인 노력을 통해 그에 대해 보다 명확히 이해하고 볼 수 있게 되는 과정입니다. 한국교원대 이두곤 교수는 환경적으로 볼 수 있게 하는 환경교육의 방법이 '탐구'이며, 이를 통해 발견하고 깨달음으로써 환경교육이 되는 방법적 접근을 '탐구 중심 환경교육'이라고 말합니다.

통합적인 탐구 중심 환경교육은 시스템적 사고를 신장시킵니다. 시스템적 사고는 선형적 사고에 대한 대안으로 다양한 요인들이 독립적이고 않고 인과관계를 가지고 있으며, 결과가 다시 원인에 영향을 줄 수 있다고 가정합니다. 원인과 결과가 지속적으로 상호관계를 맺으며 서로를 강화하기도, 또 약화하기도 하지요. 이러한 시스템적 사고는 상황에 따른 다양한 변화가 복잡하게 일어나는 생태계를 이해하고 해결하는 데 적합한 방식이라고 할 수 있습니다.

하천에 대한 이해를 예로 들어봅시다. 하나의 하천을 바르게 이해하려면 유역에 존재하는 다양한 관계를 이해해야 합니다. 유역이란, 강우 시 하천으로 물이 모여드는 주변 지역을 의미합니다. 유역의 특성은 자연환경과 생활환경에 의해 결정되기 때문에 유역을 바르게 통찰하려면 하천 주변의 지리적인 특성과 함께 사람들의 생활방식을 통합적으로 탐구해야 합니다.

오래전부터 하나의 유역에 사는 사람들은 물과 자원을 공유하고 서로 많은 정보를 교환함으로써 같은 문화를 만들어 왔습니다. 또한 유역 내의 하천은 식수 공급원으로서 유역에 사는 사람들은 물을 중심으로 하나의 생활권을 형성하며 살아갑니다.

습지의 이름을 알면 그 시대 사람들의 생활모습도?

하천을 이해하기 위해서는 물길이 이어진 곳만이 아닌, 하천을 중심으로 한 유역이라는 공간 안에서 함께 살아가고 있는 생명과 다양한 주변환경과의 관계를 어떻게 탐구해나갈 것인지를 깊이 생각해봐야 제대로 된 탐구가 가능합니다.

따라서 환경적 관점을 길러주기 위해서는 환경에 대한 총체적이고 통합적인 관점으로 수업 내용을 구성해야 합니다. 수업에서뿐만 아니라 아이들의 등하굣길, 사는 집, 뛰어노는 놀이터 등 다양한 장면에서 앎을 적용해보고, 문제를 문제라고 인식하는 연습을 할 수 있는 다양한 교육활동과 연계해야 합니다.

인간 중심에서 벗어나 다양한 시선에서 환경의 변화를 바라볼 수 있도록 질문을 던지고 깨달음을 얻으면 그것을 주변으로 확장할 수 있게 됩니다. 환경적 관점에서 통찰적 탐구를 통해 세상을 깊이 있게 볼 수 있는 안목을 형성한 학생은 환경 지식만을 습득하는 것이 아니라 환경문제의 근본적인 해결을 위해 요구되는 환경을 바라보는 인식과 가치관, 태도의 변화를 경험할 수 있습니다.

## 2. 마을 연계 환경교육, 자기환경화를 강화하다

### 수업으로 살펴보기 앎과 삶을 이어주는 마을

학년 초 학급 세우기와 어울림 활동에 2주를 쏟아붓고 나면 '3월 22일 세계 물의 날'이 다가옵니다. 물을 아껴 써야 한다는 것은 익히 알고 있는 '앎'이지만 아이들은 그러한 앎을 '삶'에서 잘 실천하고 있을까요?

급식 전 손 씻기는 팬데믹 전에도 실시하던 기본 생활습관 교육 중 하나였지만 지금은 더욱 생활화되었습니다. 아이들은 쉬는 시간, 점심시간은 물론이고 특별실을 활용하거나 체육 활동을 하고 나면 꼭 손을 씻습니다. 어떤 친구는 비누칠을 하는 동안 수도꼭지를 잘 잠가 두는데, 어떤 친구는 '콸콸콸' 쉴 새 없이 흐르는 물소리에도 잠글 생각이 없습니다. 선생님은 뒤에서 조용히 지켜보고 있다가 대신 수도꼭지를 잠가줍니다. 그제야 멋쩍은 아이의 웃음에 선생님은 그저 "비누칠할 땐 잠그기"라고 말합니다. 그렇게 해야 하는 이유는 모두가 알고 있기 때문이지요.

세계 물의 날을 맞아 지구에서 바닷물 등을 제외하고 우리가 쓸 수 있는 물의 양은 극히 일부분임을 배웠습니다. 그러나 수도꼭지만 틀면 맑은 물이 쏟아지는 우리나라 아이들이 먼 곳에서 물을 길어와야 하는 먼 나라 친구들의 고통을 공감하기는 참 어려운 일입니다.

“수도꼭지를 만들면 되는데.”

“비가 안 오는데 수도꼭지가 있으면 뭐해?”

“왜 거기는 비가 안 올까?”

아이들의 반응을 예상한 선생님은 나름 우리나라도 가뭄으로 힘든 시기가 있고, 농사를 짓는 분의 마음은 가뭄 때마다 같이 타들어 가며, 어떤 마을은 가뭄이 들면 수도꼭지를 틀어도 물을 나오지 않아 살수차로 물을 공급받아야 한다는 자료를 준비하였습니다. 그러나 이것 역시 공감을 이끌기는 어렵습니다. 아이들이 사는 마을은 가뭄을 겪는 지역에 속하지도 않고, 아이들 주변 사람이 농사를 짓는 경우도 거의 없기 때문입니다.

아파트에 사는 아이들에게 단수란 물탱크를 청소하는 시간에 일어나는 일입니다. 그나마 주말농장을 경험한 친구가 가뭄이 심할 때 애써 가꾼 채소들이 시들까 봐 부모님과 더 자주 농장에 다녀왔다고 이야기합니다. 아쉬운 대로 물탱크 청소할 때 미리 물을 받아두지 못했다거나 수도시설이 멀리 있는 캠프장에 갔을 때 겪었던 불편함을 발표해봅니다. 더운 여름날 등산을 갔을 때 가져간 물을 모두 마셔버려 목이 너무 말랐던 경험도 물의 소중함을 일깨우는 데 꽤 유용합니다.

물이 없다면 생명이 살 수 없다는 것은 잘 알고 있습니다. 아이들은 물이 없다면 어떤 일이 일어날지를 상상해봅니다. 음, 상상하기 쉽지도 않고 상상하고 싶지도 않답니다.

어쨌든 머리를 모으고 물을 아끼는 방법에 대해 생각해봅니다. 우리가 할 수 있는 가장 쉬운 물 아끼기는 화장실에서부터라는 것도 배웁니다. 비누칠 할 때 수도꼭지를 잠그는 것부터 양치 컵 쓰기 실천을 위한 홍보물도 만들어보고, 우리 집 변기에 페트병 넣기 미션도 해 보았습니다. 우리 가족의 샤워 시간을 측정해서 1분씩 줄여보기도 하였습니다.

물의 날이 지나니 식목일이 가까워져 옵니다. 선생님은 아이들에게 주말 과제로 가정연계 활동지를 한 장 나누어 주었습니다. 식목일을 맞아 가족과 함께 화분에 씨앗을 심거나 나무 심는 행사에 참여할 수도 있고, 집과 가까운 나무를 골라 1가족 1마을 나무 관리하기 미션에 도전할 수도 있습니다. 아이들의 사는 곳 주변에는 멋진 화단들이 유난히 많아 돌봐줄 나무를 찾는 것은 어렵지 않습니다. 신도시를 건설하며 아기자기한 공원들도 많이 생겼고 경계선을 따라 좁고 길게 만든 살피꽃밭에 다양한 관목들이 심어졌기 때문입니다.

"선생님, 나무 이름은 마음대로 지어도 돼요?"

"가족들과 나무의 생김새와 특징을 잘 살펴보고 지어주면 더 좋겠지요?"

"제 이름 끝 자랑 같게 지을 거에요!"

"와, 정말 동생 이름 같은데?"

저마다의 계획을 실천한 주말을 보내고 수업 시작 전, 친구들에게 재잘재잘 이야기를 나눕니다. 선생님과 화단에서 보았던 작은 회양목부터 공원에 가장 커다란 벚꽃나무까지 가족과 함께 돌봐줄 나무의 종류도 이름도 참 다양합니다.

"저는 후문 쪽 자전거길에 있는 나무로 정했어요. 아빠랑 자전거 타러 자주 나가서 따로 보러 가지 않아도 되니까요. 무슨 나무인지는 모르겠고, 다른 나무보다 잎이 뾰족하게 생겨서 뾰족이라고 부르기로 했어요."

후문 쪽 자전거길! 드디어 선생님이 3월부터 기다리던 이야기가 나왔습니다.

"아, 농수로 자전거길에 있는 나무 중에 뾰족이가 있겠군요?"

"농수로가 뭐예요?"

"글쎄, 뭘까요?"

생소한 단어에 아이들은 선생님을 향해 질문을 던집니다. 아이들이 물어보지 않아도 농수로에 대해 자세히 이야기해줄 참이었지만 쉽게 대답해주지 않고 애를 태웁니다. 농수로 이야기를 꺼내기까지 선생님도 오래 기다렸거든요.

등굣길 농수로와 주변 환경

아이들이 사는 지역은 도농복합도시입니다. 드넓은 평야가 펼쳐져 있던 곳에 신도시가 생겼기 때문이지요. 그래서 하천에서 농사를 짓기 위한 물을 끌어오는 농수로를 잘 정비된 하천처럼 곳곳에서 볼 수 있습니다.

“벼를 키울 물이 지나가는 길이라고요? 거기 물은 하나도 없던데요?”

“음, 이제 식목일이 지났으니 물이 안 보이는 게 맞아요.”

“왜요?”

“벼농사에는 많은 물이 필요하지만 모내기를 하기 전에는 물이 많이 필요 없거든요. 지난여름 모습을 기억하는 친구 없나요? 작년 여름방학 전에 근처에서 장난치면 안 된다고 안전 수칙도 배웠을 텐데?”

그제야 아이들은 겨울에는 바닥이 드러났다가 봄이 오고 더위가 시작되기 전 어느새 물이 찰랑거리는 농수로의 모습을 기억해냅니다.

“아, 맞다! 아빠가 물이 있으면 자전거 탈 때 더 안쪽에서 타라고 그러긴 하셨어요. 지금은 완전 바닥만 보이는데, 생각해보니 물이 진짜 높이 차네요?”

아이들은 등하굣길에 본 농수로의 높이를 가늠해봅니다. 제 키는 훌쩍 뛰어넘는 것은 물론이요, 아빠 키보다도 높을 거 같습니다.

“왜 그렇게 많은 물을 가져와요?”

“농수로로 하천과 논밭을 연결하면 가뭄이 들어도 걱정 없이 농사를 잘 지을 수 있으니까요.”

가뭄은 먼 나라 이야기인 줄만 알았는데, 우리 마을의 벼농사에도 무시무시한 위험일 수 있겠군요.

“그럼 뵤족이는 가뭄이 와도 물을 안 줘도 되겠네요. 농수로 옆에 있으니까요.”

“옆에 있는 뾰족이까지 물을 먹으려면 농수로의 물이 넘쳐야 하는데, 그러면 우리 마을이 물바다가 되겠지요? 농수로는 계절에 따라 비의 양을 예측해서 물의 높이를 조절한답니다.”

주말 과제발표로 시작한 아침 이야기에 아이들은 하천인 줄 알았던 물길이 농수로라는 것을 알게 되었습니다. 농수로가 가뭄을 대비하기 위한 시설인 것도 알았지요. 이후로도 아이들은 물 높이를 물어보는 선생님 덕에 등하굣길마다 농수로를 관찰하게 되었습니다. 물의 높이는 생각보다 자주 오르내렸습니다. 그렇게 농수로를 관리하기 위해서는 많은 사람들이 노력해야 한다는 것도 알게 되었습니다.

선생님은 ‘우리 마을에 농수로가 사라지면 생기는 일’을 주제로 모둠끼리 이야기도 나눠보게 하고 상상화를 그릴 수 있는 시간도 주었습니다. 농사를 지을 때 물이 부족하다면 그것은 곧 먹거리의 문제로 이어질 수 있다는 것을 알게 되었습니다. 가족들과 종종 찾는 로컬푸드 가게에서 우리 마을의 쌀이 사라질 수도 있다는 것을요.

먹거리가 부족해지면 나라의 평화가 위협받을 수도 있다는 사실도 새삼스럽게 다가왔습니다. 이전에 보았던 아프리카의 분쟁이 물 부족 때문이라고 했던 선생님의 설명을 그제야 머리가 아닌 마음으로 받아들이게 됩니다.

“친구들, 우리가 평소에 물을 아껴 쓰지 않으면 진짜 물이 필요할 때 큰 어려움을 겪을 수도 있어요. 물은 우리가 살아가는 데 꼭 필요한 것이기 때문에 잘 관리하고 소중하게 지켜줘야 한답니다."

지난 물의 날, 우리 집 변기에 넣어둔 페트병은 잘 사용되고 있는지 확인해보고 3월 22일부터 하루에 500㎖씩 아꼈다면(사실 하루에도 화장실은 몇 번씩 가지만) 오늘까지 몇 ㎖의 물을 아꼈는지 가족들과 이야기해보기로 하였습니다.

"에이~ 두 개 넣을걸!"

"난 작은 페트병이 없어서 큰 거로 넣었지~"

"다른 화장실 변기에도 넣어야겠어요."

"선생님, 오늘부터 큰 페트병으로 바꿔도 돼요?"

이런. 본의 아니게 경쟁심에 또 불을 붙였군요.

가뭄의 위험과 물 부족의 문제는 이제 먼 나라의 이야기가 아닙니다. 여전히 수도꼭지를 틀면 콸콸 나오는 물이지만 잘 아껴야겠다는 다짐을 새롭게 해 봅니다. 하지만 이번 수업은 끝날 때까지 끝이 아닙니다.

"우리 마을에서 물의 중요성을 이야기할 수 있는 공간이 또 있을까요? 찾는 사람에게는 작은 선물이 기다리고 있을 거예요."

**- 마을 연계 환경교육의 기본 방향 -**

마을은 아이들의 삶이 온전하게 일어나는 곳입니다. 아이들에게 실제 현상과 경험이 일어나는 공간은 '내가 다니는 학교'가 있고 '내가 사는 집'이 있는 '마을'입니다. 마을은 아이들이 직접 생활하는 공간이며, 사실상 초등학생에게는 일상생활이 이루어지는 최대 공간 단위라고 할 수 있습니다. 어린 학습자일수록 마을의 범위는 어른들의 예상보다 더 좁을 수도 있습니다. 마을과 마을 안에서 일어나는 모든 일은 아이들의 일상과 매우 밀접한 관계를 맺고 있어 자기환경화에 필수적이며, 이를 강화하는 중요한 촉진제가 됩니다.

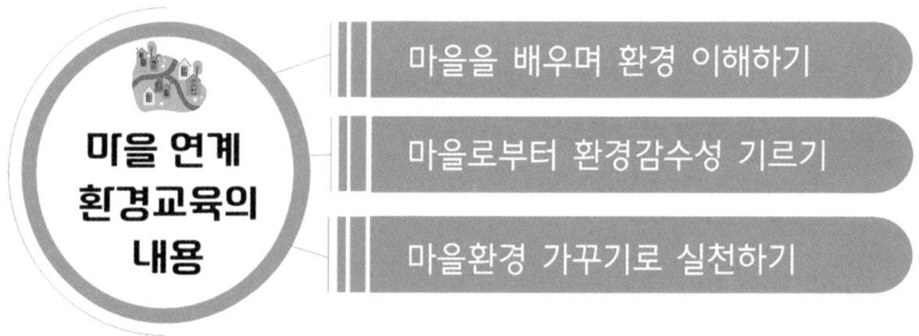


마을 연계 환경교육에서의 마을은 하나의 학습 자원으로써 탐구와 발견을 위한 장소로 활용되며 학습 과정을 강화합니다. 마을 연계는 지역자원을 활용하기 때문에 아이들이 다니는 학교, 아이들이 사는 마을의 상황을 자연스럽게 담게 됩니다. 실제적인 활동에 필요한 자료

를 제공하기 때문에 지역의 특수성을 반영한 환경교육을 실행할 수 있게 되지요. 아이들은 마을에서 나와 환경이 맺고 있는 관계를 이해하고 마을의 환경문제에 관심을 가지며 더 좋은 환경을 만들기 위해 노력할 수 있습니다. 따라서 마을과 연계한 환경교육은 지속 불가능한 지구적 문제를 나의 문제로 인식하여 민감하게 반응하고, 실천하게 하는 데 중요한 역할을 합니다. 자연스럽게 자기 삶의 주도적인 환경역량이 길러지겠지요?

자, 그럼 마을 연계 환경교육의 기본 방향을 살펴볼까요? 기본 방향만 잘 잡아둔다면 한 차시의 수업이든, 한 학기의 프로젝트든, 일 년의 교육과정이든 마을 이야기에서 지속 가능한 삶을 시작할 수 있는 수업을 쉽게 계획하실 수 있습니다.

### 기본 방향 1 '나'를 중심으로 '공간'과 '관계'를 확장하기

첫 번째 기본 방향은 나를 중심으로 공간과 관계를 확장하는 것입니다. 지속 가능한 삶과 실천적인 환경행동을 위한 주도성을 확보할 수 있는 가장 기본적인 방법입니다.

기본 방향 1. 나로부터 확장하기

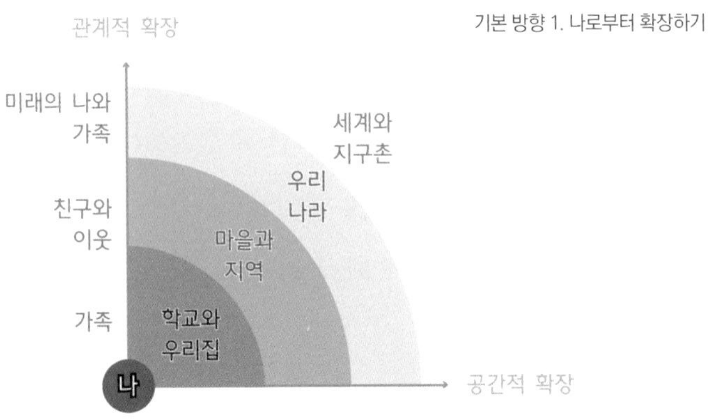

기본적인 공간 확장은 사회과의 구성원리와도 유사합니다. 나로부터 시작하여 우리 집과 마을, 우리나라와 세계(지구마을)의 순서로 공간을 확장합니다. 물론 이 확장은 선형적이기만 한 것은 아닙니다. 공간을 확장해가는 동안, 시스템적 사고를 강조하여 작은 공간과 큰 공간의 관계를 인식시켜야 합니다.

나로부터 확장의 첫 단계는 학교와 가정에서 일어나는 현상으로 환경적 관점을 기르고 환경문제를 발견하게 하는 과정입니다. 자기환경화를 위한 기초작업이지요. 이때 가정과의 연계 활동을 스스로 계획해보는 수업은 지속 가능한 삶을 연습하고 이를 체득하는 데 매우 중요합니다. 이후 마을과 우리나라로 사례를 확장하고 세계의 사건을 들여다보게 합니다. 세계시민으로서 환경을 탐구하는 활동은 기후 위기 시대를 살아야 하는 지구인으로서 연대를 체험하게 하는 마지막 단계입니다. 마지막 단계의 활동이 나에게 어떤 의미가 있는 것인지 성찰하는 기회를 부여하면 공간적 확장 영역에서의 선순환을 만들어낼 수 있습니다.

관계적 확장은 나와 함께 살아가는 사람들의 범주를 넓혀가는 것입니다. 나와 가족, 이웃은 공간적 확장과 함께 관계적 확장도 자연스럽게 이어질 수 있습니다. 여기까지의 관계적 확장은 현재 세대입니다. 이후 미래의 나와 가족으로 확장하는데, 여기부터는 미래 세대로의 확장으로 자기환경화를 위해 가장 중요한 확장입니다. 미래 세대로의 확장은 왜 중요할까요?

지속가능발전의 의미, 기억하고 있나요? 지속가능발전은 미래 세대의 필요를 저해하지 않으면서 현세대의 필요를 충족시키고자 하였습니다. 하지만 지속가능발전이 필요하다고 생각했던 사람들도 한 번쯤은 이런 생각을 하지 않았을까요?

미래 세대는 누구일까?

미래 세대는 현세대의 나와 다른 세대라고 생각됩니다. 미래 세대에 '나'는 없지요. 나와 관계가 없다고 생각하는 미래 세대의 문제를 공감하고, 그들의 문제를 위해 친환경 생활을 실천하겠다는 다짐이 잘 지켜질 수 있을까요? 쉽지 않은 일입니다. 그래서 아이들에게 미래 세대는 내가 어른이 되었을 때 함께 사는 사람들임을 이야기를 해줘야 합니다. 지금 나의 선택이 미래의 나와 사랑하는 가족에게 영향을 준다는 걸 알아야 지속 가능한 미래를 만드는 활동이 지구를 위한 희생이 아닌 나를 위한 투자임을 깨달을 수 있습니다.

미래 세대를 가깝게 해석한 것 같다고요? 지속가능발전의 개념을 처음 접했을 때 저 역시 미래 세대는 현세대 다음의 사람, 가깝게 생각해 봐도 내 아이가 어른이 되었을 때나 또 그 아이의 아이가 살아갈 시대라고 생각했던 적이 있습니다. 하지만 노년이 되어서야 마주칠 거라 예상했던 환경문제가 중년이 된 나의 문제가 되어있음을 느낄 때마다 미래 세대는 생각보다 가까운 세대라는 생각을 하게 되었습니다.

사실 팬데믹 전까지 마을 연계 환경교육의 관계적 확장은 과거로부터 배울 점을 찾아갔습니다. 관계적 확장의 수정을 마음먹은 건 마스크 때문이었습니다. 제게는 코로나 19의 상징인 마스크가 아이들에게는 봄마다 써온 익숙한 생활용품이었던 것입니다. 팬데믹 시대에 만난 아이들은 마스크가 없는 봄을 기억하지 못했습니다. 팬데믹 전에도 아이들은 미세먼지 때문에 마스크를 자주 써왔던 것이지요. 마스크 덕분에 과거의 이야기가 아이들에게 전혀 닿지 못할 수 있음을 그 어느 때보다 크게 느꼈습니다.

제가 선생님의 선생님이 '너희들은 커서 물을 사 먹게 될 거야'라고 말씀하셨을 때 선생님과 친구들이 '말도 안 돼요' 하며 웃었다고 하면 아이들은 고개를 갸웃거리곤 합니다. 아이들에게 물을 사 먹지 않고 끓여 먹는다는 건 정말 특별한 일이었기 때문이지요. 10년 전 제자들에게 저지대 국가들이 바다에 잠기고 깨끗한 공기를 사 먹게 될 거라고 상상하고 싶지 않은 이야기를 나눴지만, 지금은 모든 일이 현실이 되어버렸습니다. 기후 위기가 심각해질수록 과거로부터 축적된 데이터의 신뢰는 낮아지고, 아이들은 과거로만 남게 된 아름답고 건강한 환경을 경험하지 못할 가능성이 커졌습니다. 인류가 한 번도 경험하지 못한 미래, 상상하기 어려운 불확실한 미래는 지나온 과거 경험보다 앞으로 나아가야 할 미래를 치열하게 고민해야 합니다. 나에게서 현세대, 현세대에서 미래 세대로 관계적 확장으로 오늘 나의 선택과 행동이 현재의 나에게 미치는 영향, 그리고 앞으로 나에게 미치는 영향을 이야기하도록 도와야 합니다.

관계적 확장에서 미래 세대를 어른이 된 나, 그리고 앞으로 내가 가지게 될 가족이란 설정은 어떤 의미가 있을까요? 설정을 달리했을 뿐인데, 지구를 위한 행동이 나를 위한 행동으로 바뀌게 됩니다. 나의 노력은 미래의 누군가를 위한 희생이 아니라 내 미래를 위한 준비가 되지요. 현세대의 내가 미래의 나를 위해 노력하는 일이라는 의미입니다. 어른들의 잘못으로 시작된 기후 위기 시대에서 운 없이 살게 된 것뿐인데 왜 내가 불편함을 참고 희생을 해야 하느냐고 묻는 친구들에게 시작부터 다른 이야기를 할 수 있게 되지요. 지금까지 무심코 한 나의 작은 선택이 기후 위기에 기여하고 있다고, 앞으로 나의 삶과 미래를 위태롭게 할 수 있다고 이야기할 수 있게 됩니다. 어떠세요? 지속 가능한 삶을 더 열심히 살아가야겠다는 동기부여가 충분해지는 거 같나요?

**기본 방향 2** K-SDGs와 연계한 지속 가능한 마을 만들기

두 번째 마을 연계 환경교육의 기본 방향은 K-SDGs를 연계하여 환경과 사회경제의 관계를 함께 살펴보는 지속 가능한 우리 마을 또는

친환경 도시 만들기입니다. 우리나라에서는 2018년 '모두를 포용하는 지속가능국가' 비전 아래 모두가 사람답게 살 수 있는 포용 사회 구현, 모든 세대가 누리는 깨끗한 환경 보전, 삶의 질을 향상시키는 경제성장, 인권 보호와 남북평화구축, 지구촌 협력의 5대 전략을 담은 '국가지속가능발전목표(이하 K-SDGs)'를 설정하였습니다[*]. 지속가능발전이 전 인류의 공통 가치임이 분명하지만, 국가와 지역 상황에 따라 필요한 지속가능발전목표와 이를 실현하기 위한 방식이 다를 수 있어 다양하게 정의되어야 하기 때문입니다. 그렇다면, 우리나라 아이들과 깊이 살펴야 하는 것은 당연히 K-SDGs이겠지요? 지자체마다 지속가능발전목표(예. 경기도지속가능발전목표 G-SDGs 등)도 제시되어 있으니 아이들의 삶과 더욱 밀접한 환경수업을 구상하신다면 한 번쯤 살펴보시는 걸 권장합니다.

| 1 빈곤층감소와 사회안전망 강화 | 2 식량안보 및 지속가능한 농업 강화 | 3 건강하고 행복한 삶 보장 | 4 모두를 위한 양질의 교육 | 5 성평등 보장 | 6 건강하고 안전한 물 관리 |
|---|---|---|---|---|---|
| 7 에너지의 친환경적인 생산과 소비 | 8 좋은 일자리 확대와 경제적 성장 | 9 산업 성장과 혁신 활성화 및 사회기반시설 구축 | 10 모든 종류의 불평등 해소 | 11 지속가능한 도시와 주거지 조성 | 12 지속가능한 생산과 소비 |
| 13 기후변화와 대응 | 14 해양생태계 보전 | 15 육상생태계 보전 | 16 평화·정의 포용 | 17 지구촌 협력 강화 | 국가지속가능발전목표 (K-SDGs) |

국가지속가능발전목표 (K-SDGs)

* 지속가능발전포털 https://ncsd.go.kr 참고

지속 가능한 마을의 의미와 모습을 알아보는 과정에서 아이들은 지속가능성의 가치를 배웁니다. 우리 마을에 부족한 지속가능성을 찾아보며 처음 17가지 SDGs를 접하게 됩니다. 마을에서 일어나는 이야기에 빗대어 SDGs를 알아가면 어린 학습자에게도 어려운 단어들이 쉽게 다가갈 수 있습니다. 예를 들어볼까요?

신도시의 아이들은 새로 전학 온 친구들이 이사를 오게 된 이유를 정리하며 마을이 개발되는 과정을 살펴보고 경제성장과 일자리 증진의 지속가능발전목표를 이해할 수 있습니다. 내가 사는 마을의 변화 모습으로 신도시 건설의 과정에서 발생할 수 있는 농촌과 도시, 환경과 경제, 구도시와 신도시, 원주민과 이주민 사이의 불평등 문제를 다뤄볼 수 있지요. 이를 확장하여 개도국과 선진국 사이의 기후정의까지도 다룰 수 있게 됩니다.

마을의 현재 모습과 변화과정을 다양한 생태계의 눈으로 바라보는 활동을 통해 환경적 관점을 기르면 인간 중심적 사고를 벗어나 지구생태계와 공존이 필요함을 깨닫습니다. 환경적 관점을 기르게 되면 우리 마을의 변화에서 다양한 문제를 인식할 수 있습니다. 특히, 신도시를 개발하며 훼손된 경관들과 주변 생태계에 대한 문제를 중요하게 다룰 수 있게 됩니다. 급격하게 증가한 신도시의 인구와 급증한 마을의 에너지 소비량을 통해 기후 위기에 관한 이야기를 끌어낼 수도 있습니다. 환경적 관점에서 깊이 있는 현상을 탐구함으로써 통찰적 탐구과정을 경험하게 되는 것이지요.

통찰적 탐구를 통해 시스템적 사고력을 기르고 현상을 통합적으로 바라볼 수 있는 연습을 마쳤다면 마지막으로 우리 마을을 지속 가능한 마을로 발전시키기 위한 방법을 찾아봅니다. 우리나라와 세계의 지속 가능한 도시의 모습을 살펴보고 벤치마킹을 시도할 수도 있고, 당장 시급한 마을의 환경문제에 대해 고민해볼 수도 있습니다. 다양한 측면에서 지속 가능한 마을을 만드는 방법을 논의해보았다면 이제 실천이 남았겠지요? 친구와 가족, 마을 사람들과 할 수 있는 노력을 찾아 함께 해 볼 수도 있고, 정책적으로 필요한 법 제정을 요구해볼 수도 있습니다. 이후 지속적인 지속 가능한 마을 만들기를 위해 무엇을 하고 싶은지를 꿈꿔볼 수도 있습니다.

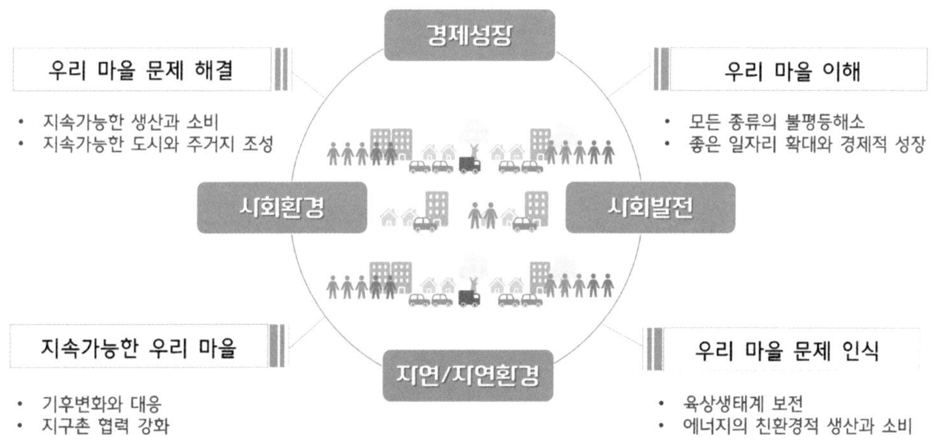


기본 방향 2. K-SDGs로 지속 가능한 우리 마을 프로젝트 만들기

신도시만이 지속 가능한 마을 만들기를 할 수 있는 것은 아닙니다.

다양한 마을의 모습을 이해하는 과정에서 아이들은 환경뿐만 아니라 경제 및 사회 분야를 통합적으로 생각해볼 수 있습니다. 우리 마을에 인구가 계속 줄어들고 있다면 제일 큰 이유로 경제적 측면에서의 변화가 있었을 것입니다. 마을을 지속불가능하게 하는 어떤 문제점이 마을의 발전을 저해하고 현상 유지를 어렵게 하는 것이지요. 우리 마을을 지속불가능하게 하는 원인을 파악하고 이를 해결하고자 노력하며 마을에 적합한 지속가능성을 찾아간다면 그 또한 지속 가능한 마을 만들기 수업이 될 수 있습니다. 현재를 잘 유지하고 있는 마을이라면 마을의 모습이 유지되는 동력을 찾아보고 지속 가능한 마을로 보다 발전시켜 나가는 방법을 이야기할 수 있습니다. 어떤 마을의 모습이든 교사의 기획력에 따라 지속 가능한 마을 만들기 수업은 얼마든지 가능합니다.

**기본 방향 3** 스스로 발견하고 함께 노력하는 체험 기회 제공하기

마을 연계 환경교육의 세 번째 기본 방향은 아이들이 지속 가능한 삶의 주인으로서 스스로 문제를 발견하게 하는 것입니다. 발견한 문제를 개선하는 과정에서 알게 된 배움을 나누며, 다양한 주체들과 공동의 노력을 체험하게 합니다. 학습자가 지속 가능한 마을 만들기 수업으로 얻은 배움으로 스스로 자신의 일상을 되짚어보는 과정을 제공하는 것입니다.

문제의 발견은 집, 학교, 공원 등 그 어떤 공간이라도 가능합니다. 문

제라고 느낀 부분에 대해서는 스스로 개선해보고자 하는 마음을 가지고 간단하게 개인으로 할 수 있는 노력이나 공동체와 함께할 수 있는 활동을 시도하도록 돕습니다. 이러한 과정을 통해 나의 학교, 마을, 삶에 대한 주인의식을 기르고 획득한 역량을 상황에 따라 주체적으로 발휘하게 합니다.

특히, 작은 문제라도 우리가 함께 해결할 수 있다는 것, 나의 배움을 가족과 친구들에게 나누면 서로 발전한다는 것, 그래서 모두가 더 나은 삶을 살 수 있다는 것을 깨닫는 기회를 제공해야 합니다. 기후 위기라는 거대한 문제 앞에 혹시나 가질 수 있는 불안함, 무기력함 등을 예방하고 인간의 잠재력과 연대의 소중함을 느낄 수 있도록 하는 것은 우리 아이들을 위해 아무리 강조해도 부족할 만큼 중요한 일입니다.

기본 방향 3. 스스로 발견하고 함께 노력하는 체험 기회 제공하기

마을 연계 환경교육을 진행할수록 마을이 생활 주변에서 스스로 문

제를 발견하고 개선하여 삶에 대한 주인의식을 기르는 데에도 유용하지만, 배움과 앎을 직접 실천해보는 기회를 쉽게 제공할 수 있는 삶의 장소이기에 더 중요하다는 걸 느낍니다.

지금 선생님의 학교와 마을을 다시 둘러보세요.

우리 학교와 마을이기에 찾을 수 있는 지속 가능한 삶의 이야기가 생각보다 더 가까이에 숨어있습니다. 지금 우리를 둘러싼 마을의 이야기에서 앞으로의 지속 가능한 삶을 찾아가길 바랍니다.

## 수업 기획: 환경적 관점으로 마을을 바라보기

우리 학교의 변화를 마을의 변화와 함께 생각해보세요.

덧붙임. 성급한 일반화는 경계해야 하나, 연결 지어 생각해보는 것은 중요합니다.

우리 학교의 학급수가 감소한다? = 우리 마을의 크기가 줄어들고 있다?

우리 학교의 학급수가 유지된다? = 우리 마을은 현재 상황이 유지되고 있다?

우리 학교의 학급수가 증가한다? = 우리 마을은 발전 중이다?

우리 지역명(마을명)으로 검색된 기사들을 찾아 키워드를 정리해보세요.

질문에 답하며 마을 연계 수업에서 다룰 수 있는 내용을 정리해보세요.

1. 나는 우리 지역을 잘 알고 있나요?

2. 우리 지역의 변화과정을 살펴볼 수 있는 자료는 어디에서 찾을 수 있나요?

3. 우리 마을은 어떤 자연환경과 밀접한 관계를 이루고 있나요?

4. 마을의 생태환경교육 자원이라 생각하는 것은 무엇인가요?

5. 우리 마을의 학교들이 주로 체험학습을 가는 곳이 있나요?

6. 학교가 소속된 시청(군청)홈페이지에서 소개하는 것들은 주로 무엇인가요?

7. 지역 교과서에서 마을에 대해 다루는 내용을 5개 찾아보세요. (단어 중심으로)

8. 우리 마을을 대표할 수 있는 생물 종(혹은 깃대종)이 있나요?

9. 우리 마을을 대표하는 먹거리 또는 지역축제(행사)가 있나요?

10. 우리 지역을 이끌어가는 산업이 있다면 어떤 것인가요?

11. 우리 지역의 좋은 점은 무엇이라고 생각하나요?

12. 우리 지역의 문제점으로 생각되는 것은 무엇인가요?

2장

# 생태적 전환을 위한 환경교육, 참 쉽죠?

# 2장. 생태적 전환을 위한 환경교육, 참 쉽죠?

: 현장 교사는 지금 당장 실전에 던져졌다

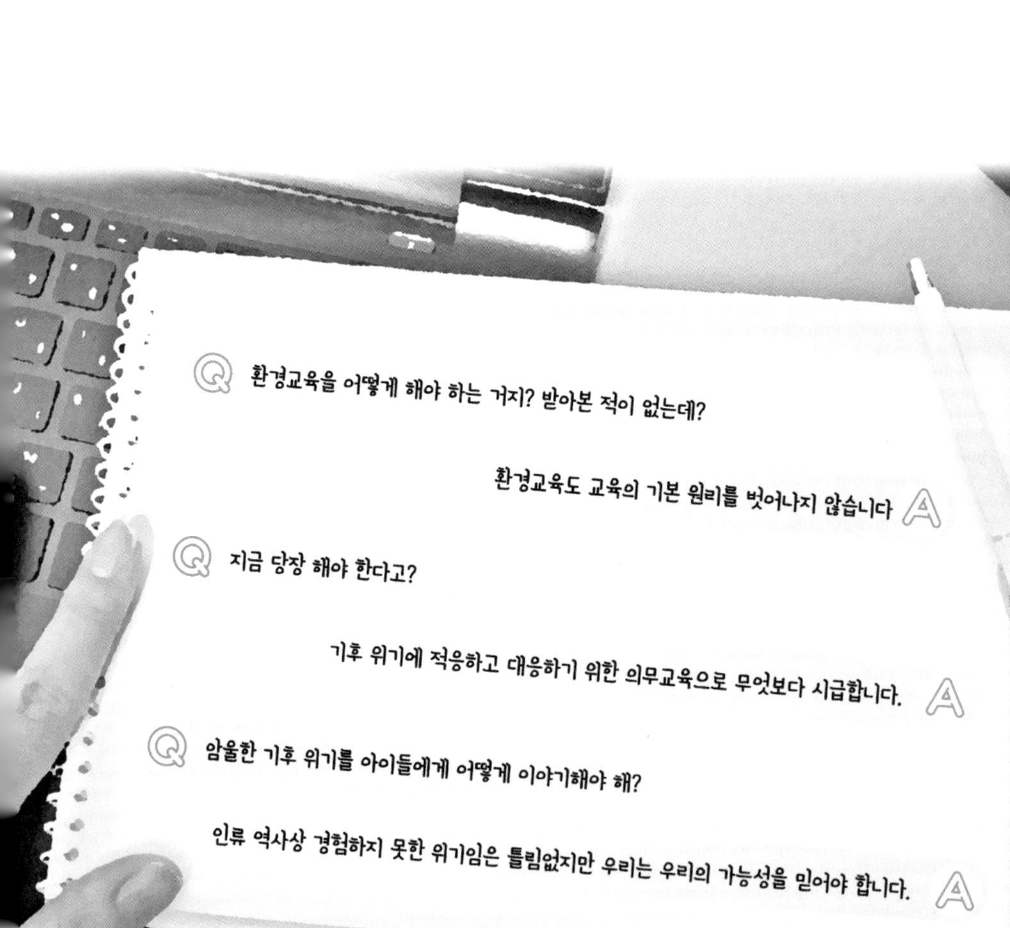

환경교육, 인류가 전 지구적인 문제를 극복하고 지속 가능한 미래를 향해 나아가기 위해 정말 중요하고도 필수적인 교육이라고 우리 모두 힘차게 고개를 끄덕거립니다. 당연히 교육의 대표적인 담당 기관인 학교에서 해야 할 일이 많아졌겠지요?

국가 정책 차원의 학교 환경교육은 1990년대 초등에서는 범교과 및 각 교과에서의 분산적 접근으로, 중등에서는 독립교과의 모습으로 시작되었습니다. 그러나 세상에는 환경보다 중요한 것들이 많았습니다. 경제적 발전을 놓을 수 없었던 사회에서 환경이 우선순위에서 밀렸던 만큼 학교 교육 현장에서 환경교육은 주변인이었습니다. 기후 위기가 놀랍도록 빠른 속도로 진행되고 있는 만큼 현장은 거의 무방비한 상태로 기후 위기 대응을 위한 환경교육을 실행하게 되었습니다.

실제 현장 교사들은 환경교육을 체계적으로 받아본 경험이 거의 없습니다. 90년대 이전에 초등학교를 졸업했거나, 혹은 그 이후에 졸업한 세대라도 환경교육이 학교에서 중요하게 다뤄지지 못했기 때문입니다. 기후 위기 시대의 교사로 던져져 무엇을 어떻게 교육해야 할지를 제대로 고민해볼 겨를도 없이 실전에 돌입하게 된 것이지요.

탄소중립 시범학교가 처음 시행되고 최종보고회에서 만난 담당 교사들은 고군분투를 면하지 못했다고 털어놓으셨습니다. 우리 사회에 탄소중립이란 용어조차 생소했었던 때였습니다. 탄소중립이라는 개념부터 동료 교사들과 논의해야 했고, 탄소중립 시범학교가 어떤 모습이어야 하는지 깊이 고민할 시간도 없이 학교 녹화, 에너지 사용 현황판

제작, 분리배출 강화, 잔반 줄이기 등 말 그대로 실천에 초점을 두고 변화를 만들어내기 위해 노력하였습니다. 가장 손쉽게는 외부 강사를 동반한 환경 프로그램을 신청하거나 생태감수성을 위한 현장학습을 시행하기도 했지요.

| | |
|---|---|
| **교육기본법 제22조의 2** | 국가와 지방자치단체는 모든 국민이 기후변화 등에 대응하기 위하여 생태전환교육을 받을 수 있도록 필요한 시책을 수립 ·실시하여야 한다. 2021.9.24. 신설 |
| **환경교육법* 제10조의 2** | 「 초·중등 교육법」 제2조에 따른 초등학교와 중학교의 장은 학생을 대상으로 학교 환경교육을 실시하여야 한다. 2022. 6. 10. 신설 2023. 3. 1. 사행 |

* 환경교육의 활성화 및 지원에 관한 법률

학교 환경교육의 의무화

현장 교사들은 어려움을 토로합니다. 쉽게 변하지 않는 아이들의 행동에 대해 일일이 잔소리를 하는 것이 맞는지부터, 탄소중립 시범학교니 당장 숫자로 표현할 수 있는 실적을 내놓아야 할 것 같아 부담스럽다는 이야기까지 현장의 고민은 다양했습니다. 기후 위기를 강조하며 현장에 던져진 환경교육이 내재적으로 가지는 교육의 가치를 간과하고 환경문제 해결, 탄소중립 실천에 주목한 까닭입니다.

다시 생각해봅시다. 기후 위기 시대가 교육에게 기대한 것이 진정 무엇인지를요. 단순히 탄소중립의 실현을 목적으로 했다면 교육보다는 입법과 정책이 당장 더 효과적이지 않았을까요? 교육이 기후 위기 대응을 위해 중요한 이유는 지구생태계와의 공존, 지속 가능한 가치를 중시하는 인식의 전환이 무엇보다 필요하다고 생각했기 때문입니다. 학교 환경교육은 인류세의 들어선 우리가 교육을 기후 위기의 근본적인 예방책으로 꼽았음을 잊지 말아야 합니다.

우리가 환경교육으로부터 얻고자 하는 것, 지속가능성의 의미를 이해하고 이를 삶에 적용하며 생태계의 한 일부로서 살아가고자 하는 삶의 태도는 일회성 체험이나 분절적 교육으로 얻어질 수 없습니다. 지속가능한 환경교육은 환경적 관점으로 세상을 이해하고 지속 가능한 삶의 방식을 충분히 연습하여 내면화하는 과정을 수반해야 하기에 학교 교육과정 전반에서 지속적이어야 합니다. 환경교육을 단위학교에서 교육과정적으로 접근해야 하는 이유입니다.

교육과정이란, 학교에서 이루어지는 교과 학습 및 생활 영역의 총체를 말합니다. 교육과정 해설서에서는 교육과정을 '학습자에게 학습경험을 선정하고 조직하여 교육 경험의 질을 구체적으로 관리하는 교육의 기본 설계도'라고 표현하고 있습니다. 교육과정은 아이들이 학교에서 경험할 수 있는 모든 배움의 기본적인 계획서입니다.

그렇다면 지속 가능한 환경교육을 실천하기 위한 교육과정은 어떻게 구성해야 할까요? 학교 현장, 특히 국가 수준의 환경 교육과정이 없는 초등에서는 교육과정을 계획할 때 이런 고민에 빠질 수밖에 없습니다.

‘주제가 너무 다양한데 교육과정에 무엇을 넣어야 하는 거지?’

‘지금 제대로 하는 중인 건가?’

‘심각한 환경문제를 강조해야 실천하려고 하지 않을까?’

사실 국가 수준의 환경교육과정이 있는 중등에서도 환경교육을 실시하기는 쉽지 않습니다. 한 교과에서 환경 관련 프로젝트를 개발하든 환경을 주제로 다른 교과 선생님들과 협력 수업을 계획하든 환경교육을 일회성 계기교육이 아닌 교육과정적으로 접근하기 위한 현장의 어려움은 다양하게 존재하지요.

그렇다면 환경의 다양한 주제들을 교육과정에서 어떻게 엮어야 환경적 관점을 기르면서 체계적인 환경교육을 할 수 있는 것일까요? 이번 장에서는 환경교육에서 교육과정의 의미를 살펴보고, 환경을 중심으로 교육과정을 엮는 새로운 방법을 알아봅시다.

## 1. 생태적 전환을 위한 환경교육, 어떻게 시작할까?

### - 학교 교육과정으로 지속 가능한 미래교육을 꿈꾸다 -

지금 학교 현장은 급격하게 변화하는 시대에 발맞추기 위해 다양한 노력을 하고 있습니다. 2022 개정 교육과정 총론의 주요 방향에서의 '현장의 자율적인 혁신을 지원하고 촉진하는 학교 교육과정 자율성 강화'는 그러한 노력의 일환이라고 생각됩니다. 학교 교육과정의 자율성을 확대함으로써 급변하는 시대의 흐름을 교육과정에 빠르게 반영하고 학습공동체가 요구하고 필요로 하는 교육과정을 운영하도록 한 것입니다.

여기에서 '학교 교육과정'이란, 국가 수준의 교육과정 기준과 시·도의 교육과정 편성·운영 지침을 근거로 하여 지역의 특수성과 학교의 실정 및 실태에 알맞게 각 학교별로 마련한 '당해 학교의 구체적인 실행 교육과정'을 의미합니다. 따라서 학교 교육과정은 그 학교가 수용하고 있는 학생에게 책임지고 실현하여야 할 교육목표, 내용, 방법, 평가 등에 관한 구체적인 실행 프로그램이고, 특색 있는 교육설계도이며, 상세한 교육 운영 세부 실천계획이라고 할 수 있습니다. 국가 수준의 교육과정이 학교에서 편성·운영하여야 할 공통적·일반적인 기준을 제시한다면, 학교 교육과정은 교육 주체의 요구와 지역의 특수성을 적극적으로 반영하고 탄력적이고 융통성 있는 교육과정을 가능하게 하며 각 학교 실정에 특화된 교육을 실천할 수 있게 합니다.

경기도교육연구원 보고서(2020) '기후 위기와 교육체제의 전환 방향'에서는 기후 위기 시대 교육체제 전환의 두 축으로서 '생태'와 '노작'을 제시하였습니다. 기후 위기 시대 대응을 위해 생태와 노작을 중심으로 일, 놀이, 삶이 순환하는 교육을 만들어야 한다는 말입니다. 이를 위해 교육과정 안에서 '생태'라는 특정한 내용의 교육을 강화할 것이 아니라, 실제 세계의 현상, 사건, 문제를 탐구하면서 지속가능성의 핵심 주제들을 교과 지식과 융합적으로 접근할 수 있도록 교육과정을 디자인해야 한다고 이야기합니다. 새로운 패러다임으로 만들어진 교육과정에서 아이들의 배움과 지속 가능한 삶이 일체화될 수 있기 때문입니다.

이렇게 생태적 전환을 시도한 교육과정이 지속 가능한 환경교육으로 실천되기 위해서는 현장에 더 가까울 뿐만 아니라 지역성 및 일상성이라는 환경교육의 특성을 적극적으로 반영할 수 있는 학교 교육과정이 더욱 중요하다고 할 수 있습니다. 학교 교육과정, 학년 교육과정, 교사교육과정으로 이루어진 학교 수준의 교육과정은 매년 실행되는 구체적인 교육과정으로서, 미래사회의 최신 내용을 즉각 반영하고 지역적 특색을 적극적으로 살릴 수 있어 환경교육의 새로운 교육내용을 창출할 수 있기 때문입니다.

### - 학교자율시간은 왜 2022 개정 교육과정의 꽃일까요? -

교육한다는 것은 주어진 교육과정, 즉 국가 수준 교육과정이나 교과서를 그대로 전달하는 것이 아니라 이들이 교사에 의해 재구성되고 새롭게 개발되는 역동적인 성격을 가집니다. 따라서 교사는 문서화된 국가 수준 교육과정 이상으로 학교 현장에서 실행되는 학교 수준 교육과정을 통해 새로운 교육과정을 디자인할 수 있습니다.

학교자율시간이란, 2022 개정 교육 과정에 새롭게 도입되어 학교가 교육 과정을 자유롭게 설계하고 운영할 수 있는 시간을 말합니다. 각 학교는 학교 여건에 따라 연간 34주를 기준으로 한 교과별 및 창의적 체험 활동 수업 시간의 학기별 1주의 수업 시간을 확보하여 학교만의 과목이나 활동을 개발하게 됩니다. 지역과 연계한 다양한 교육 과정 및 프로젝트를 편성·운영하거나 학교 자율적으로 지역 연계 선택 과목을 개발하여 활용할 수도 있습니다. 교과 교육 과정(지역 연계 단원 구성, 성취 기준 등)에 대한 교사의 교육과정 편성·운영 자율권도 확대됩니다.

제가 근무하는 경기도에서는 이미 '학교자율과정'이란 이름으로 학교자율시간을 운영하고 있습니다. 사실 2022 개정 교육과정의 학교자율시간은 국가가 주도한 정책이 아니라, 지역(시·도교육청)에서 시도한 학교 자율교육과정의 사례를 국가의 정책으로 받아들인 경우입니다.

경기도 초등 학교자율과정 안내(요약본)에서는 학교자율과정을 '학생이 주체적으로 삶의 역량을 기를 수 있도록 학생의 학습선택권을 확대하고 학습경험의 질과 폭을 심화시키기 위해 교육공동체가 함께 개발하는 교육과정'이라고 정의합니다.

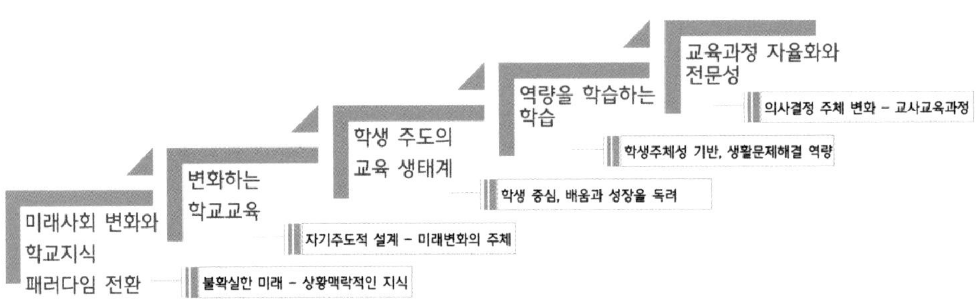

학교자율과정은 왜 필요할까요?

이전의 교육과정은 정해진 목표 또는 성취기준 중심의 선형적 방식으로 계획되었으나 경기도 학교자율과정 설계 방법으로 제시된 유연한 교육과정은 삶과 연계한 주제와 교육공동체가 원하는 학습경험의 선정을 우선으로 하여 성취기준을 개발할 수도 있고, 결과에 대한 피드백으로 목표를 설정할 수도 있습니다. 그야말로 교육공동체가 원하는 경험이 교육과정으로 디자인되는 것입니다.

경기도 학교자율과정의 과목(활동)을 살펴보면 마을 연계 교육과정, 교과융합과정, 학생주도 주제별 프로젝트 등 단편적인 지식 습득이 아닌, 삶의 맥락에서 그것을 적용하고 실생활에서 일어나는 복잡한 문제를 해결하는 역량을 중요하게 여깁니다. 이러한 역량을 기르기 위해서는 삶과 밀접한 주제를 다루어야 합니다. 기후 위기 시대의 학습자에게 환경문제만큼 삶에 밀접한 주제가 또 있을까요? 특히 자기환경화를 강화하는 마을 연계 환경교육은 행위주체성을 강화하고, 사회적 차원의 협력주도성을 강조할 수 있어 환경교육이 학교자율과정을 운영하는데 매우 부합함을 보여줍니다. 지속 가능한 미래를 위한 마을 연계 환경교육과 미래사회에 대응하기 위한 학교자율과정, 그야말로 상부상조이지요.

행위주체성을 위한 경기도 학교자율과정과 마을 연계 환경교육의 관계

앞으로 2022 개정 교육과정이 3~6학년까지 도입되면 경기도에서도 학교자율과정을 학교자율시간으로 운영하기로 하였다고 하니 앞으로는 이 책에서도 학교자율시간으로 일원화하여 이야기하도록 하겠습니다.

국가 수준 교육과정이 없는 초등 환경교육의 입장에서 보면, 학교자율시간은 교과 연계와 주어진 성취기준에서 벗어나 환경교육 중심의 교육과정을 마음껏 개발할 수 있는 토대를 마련해줍니다. 또한 학교자율시간으로 학교 구성원의 요구, 지역 특수성 등을 반영할 수 있는 시간을 손쉽게 확보할 수 있어 시대가 요구하는 환경교육으로 교육과정을 재구성하는 데 도움이 됩니다.

학교자율시간은 교육과정 디자이너로서 교사의 역할을 더욱 강조합니다. 각각의 교사에 의해 만들어지는 교사교육과정은 '교실에서 최종적으로 실현되는 설계도'로서 학급 운영의 핵심이자 교사가 자신에게 주어진 자율·재량권을 최대한 발휘하여 학생과의 상호작용을 통해 실현되는 '실천적 교육활동 프로그램'이라 할 수 있습니다. 그런 의미에서 교사교육과정은 내가 어떤 교사인지, 어떤 교육관을 가졌는지, 어떤 교육과정을 계획하여 어떻게 운영할 것인지를 망라하여 나를 브랜드화한 교육과정으로 만들어갈 수 있습니다. 아이들의 삶인 공간인 마을의 소재를 가져와 아이들의 삶과 가장 밀접한 주제인 환경교육을 하는 것, 인류세에 던져진 교사로서 나만의 교사교육과정으로 가장 적합하다고 생각됩니다.

그렇다면 교사가 마을 연계 환경교육과정을 디자인하기 위해 가장 필요한 것은 무엇일까요? 국가 수준 교육과정이 없는 초등 환경교육에서는 교사가 효율적으로 환경수업의 내용을 선정하고 조직할 수 있도록 통합적인 관점에서 체계화시킬 수 있는 접근법이 필요할 것입니다. 2009년 이후 햇귀마을 환경교육을 구성하는 교육과정 접근인 '환경교육을 위한 환경학'을 소개합니다.

**- 체계적인 교육과정적 접근, 환경교육을 위한 환경학 -**

기후 위기가 아니더라도 우리가 겪게 되는 환경문제는 계속 다양해질 것이며, 점점 거대해질 가능성이 큽니다. 환경문제에 얽힌 복잡한 것들을 이해하여 시스템적으로 연결고리를 찾고 지속가능하기 위한 변화를 만들어내려면 지식이 아닌 역량의 배움이 필요합니다. 그렇기에 환경교육은 환경의 어느 한 부분을 강조할 것이 아니라 우리의 모든 것에 생태적 전환을 시도해야 합니다. 많은 것을 통합적으로 다뤄야 하기에 정작 중요한 것을 놓칠까 봐 전전긍긍하게 되는 이유입니다.

저 역시 환경교육을 본격적으로 공부하면서 국가 수준이 없는 초등 환경교육의 문제점에 관심을 가지게 되었습니다. 환경교육은 우리를 둘러싼 환경의 모든 것이기에 수많은 내용을 포함할 수 있어 어떤 내용을 선정하고 조직해야 하는지를 우선 고민할 수밖에 없었습니다. 보다 융합적이고 통합적인 관점에서 교육과정적 접근을 통해 초등 환경교육을 체계화할 방법을 고민하다가 이두곤 교수님의 탐구 중심 환경교육의 내용인, '환경교육을 위한 환경학'을 접하게 됩니다. 수질랩 활동 중에 탐구 중심 환경교육이 초등 환경교육에 가지는 함의를 논하게 되면서부터였지요. '내용학으로서의 환경학'과 '교육을 위한 환경학'은 그 목적이 다르므로 다루는 내용과 접근법이 달라야 한다는 점이 무척 매력적으로 다가왔습니다.

환경교육을 위한 환경학(Environmental Studies for Environmental Education; ESEE)은 1) 환경 자체에 대한 이해, 2) 환경과 인

간의 관계에 대한 이해, 3) 환경문제에 대한 이해, 4) 환경문제 해결을 위한 구체적인 해결 방안, 5) 보다 근본적으로 환경을 보전하기 위한 대책의 5개 구성요소로 제시되어 있습니다. 5가지 구성요소들로 통합적 관점에서 종합적으로 탐구하여 체계화된 지식이 환경 교육과정을 구성하기 위한 내용이 되며, 지속가능성의 개념은 5가지 내용 요소에 모두 관련됩니다.

| 구성요소 | 주요 내용 |
|---|---|
| 1) 환경 자체에 대한 이해 | - 환경문제가 없는 건강한 자연 그 자체에 대한 이해 |
| 2) 환경과 인간의 관계에 대한 이해 | - 환경이 인간에 의해 쓰이는 자원으로써 이용, 그리고 환경과 인간의 상호적인 관계에 대한 이해 |
| 3) 환경문제에 대한 이해 | - 인간 활동이 환경에 주는 영향, 발생한 환경문제 자체와 그것으로부터 인간이 영향을 받는 측면에 대한 이해 |
| 4) 구체적인 환경문제 해결을 위한 대책 | - 과학 기술적, 사회적, 인문적 대책에 대한 이해 |
| 5) 보다 근본적으로 환경을 보전하기 위한 대책 | - 철학적 사회문화적 정책적 교육적 방안 및 개인적 노력에 대한 이해 |

환경교육을 위한 환경학의 구성요소

(출처) 이두곤(2006). 환경학과 환경교육과의 관계. 2006년도 후반기 학술대회 발표 논문집, 한국환경교육학회, 105-108

초등 환경교육의 체계화를 위해 환경교육을 위한 환경학의 5가지 구성요소를 활용하여 환경교육의 내용을 5가지 영역으로 묶어보았습니다. 환경교육을 위한 환경학의 5가지 영역은 지금까지 환경교육을 위해 다루어야 할 내용을 빠짐없이 통합할 수 있을 뿐만 아니라, 내용의 외향적 확장과는 상관없이 교육내용을 통합하여 영역화할 수 있습니다. 환경의 총체적인 특성과 시대의 흐름에 따라 새로운 영역이 빠른 속도로 늘어나는 환경교육의 특성을 미루어볼 때, 영역의 세분화보다는 일정한 기준으로 영역을 통합하여 내용을 체계화하는 것이 수월할 것이기에 5가지 영역으로의 접근법은 유용합니다고 생각합니다.

5가지 영역은 무엇보다 그 기준이 환경문제의 근본적인 원인으로 환경과 인간과의 관계를 바라보는 환경적 관점을 중요하게 다루기 때문에 생태적 전환을 도울 수 있습니다. 인간의 간섭 없이 건강한 환경에 대한 이해를 바탕으로 인간의 개입으로 인한 환경문제 발생 과정과 결과, 구체적인 대책 및 근본적인 대책까지 고려함으로써 총체적인 환경문제를 다양한 측면의 통합적인 관점에서 바라볼 수 있도록 기반을 마련해준다는 것도 기후 위기 시대의 환경교육에 적합합니다. 환경과 인간의 관계에 대한 올바른 가치관을 우선하여 환경과 환경문제를 탐구함으로써 학생이 세상을 환경적 관점으로 볼 수 있게 하기 때문이지요. 이는 환경적 관점을 기르는 데 유용한 전략으로써 환경교육의 통합성과 계속성 실현에 기틀을 마련하는 것이라고 할 수 있습니다.

## 2. 5가지만 기억해 : 5가지 영역으로 체계화하기

**- 환경교육을 위한 환경학의 5가지 영역 이해하기 -**

환경교육을 위한 환경학을 '학습자의 환경적 관점을 길러주기 위해 환경교육의 내용으로 다뤄지기 위한 교육의 내재적 가치에 중점을 둔 통합적인 관점과 방법으로 접근된 환경학'이라 정의합니다. 환경교육을 위한 환경학의 5가지 영역을 보다 교육으로 적용할 수 있도록 세부적인 내용으로 발전시켜 제안해봅니다. 주요 내용을 살펴보면 각 영역을 조금 더 명확하게 이해할 수 있을 것입니다.

| 영역 | 주요 내용 요소 |
|---|---|
| 제1 영역<br>환경 자체에 대한 이해 | - 인간의 간섭 없이 건강한 환경 자체가 가지는 특성에 대한 탐구<br>- 여러 형태의 자연계 환경이 어떻게 작동하고 있는가에 대한 탐구<br>- 다양한 형태로 존재하는 자연의 환경이 인간의 간섭이 크게 없이 건강한 자연적 상태에서 어떻게 존재하며, 어떠한 상호작용을 통해 어떻게 변화하는가에 대해 이해하고자 하는 탐구<br>- 환경 자체가 가진 고유한 가치를 추구하는 탐구<br>- 환경이 가진 심미성을 발견하고 향유하기 위한 탐구 |
| 제2 영역<br>환경과 인간의 관계에 대한 이해 | - 인간에 의한 환경 관련 변화와 환경에 의한 인간 관련 변화에 대한 탐구<br>- 인공환경과 자연환경과의 관계를 이해하고자 하는 탐구<br>- 환경은 인간에게 어떤 의미를 주는지, 어떤 필요와 가치가 있는지에 대한 탐구<br>- 인간이 환경을 어떻게 개발하고 이용하고 있는지에 대한 탐구 |
| 제3 영역<br>환경문제에 대한 이해 | - 환경을 이용하는 과정에서 환경문제가 발생하는 과정과 그 현상에 대한 탐구<br>- 인간 활동이 환경에 미치는 영향에 대한 탐구 |
| 제4 영역<br>환경문제 해결을 위한 구체적인 해결 방안 | - 발생한 구체적인 환경문제에 대해 가장 효율적으로 해결하기 위한 과학 기술적, 사회경제적, 정책적 해결 방안을 찾는 탐구<br>- 본질적으로 응용과학적 성격을 갖는 환경문제 해결 방안을 찾는 탐구<br>- 환경에 대한 기초학문적 이해를 바탕으로 지구환경 구성원의 역할별 실제적인 문제 해결을 추구하는 탐구 |

| 제5 영역<br>보다 근본적으로<br>환경을 보전하기<br>위한 대책 | - 환경을 보다 근본적이고 예방적으로 보호하기 위한 탐구<br>- 환경윤리에 대한 바른 이해, 환경친화적 태도 및 가치관, 자기환경화, 지속가능성에 대한 내면화 함양을 위한 탐구<br>- 거시적이고 기초적이며 미래지향적인 관점에서 지속 가능한 환경을 위하여, 국제적·사회적·개인적으로 어떤 노력을 하여야 하는지에 대한 탐구<br>- 관련된 철학적 규명, 의미 해석, 어떤 사회적·교육적·과학기술적·문화적 시스템을 만들어야 하는지 등에 대한 탐구 |
|---|---|

환경교육을 위한 환경학의 영역 및 주요 내용 요소

(출처) 심정은(2009). 학교 수준 교육과정을 통한 초등 환경교육의 체계화 방안. - 환경교육을 위한 환경학 관점에서 -. 한국교원대학교 대학원 석사학위논문.

환경교육을 위한 환경학의 5가지 영역에 대한 이해를 돕기 위해 각 영역으로 구성한 물환경탐구 프로젝트를 살펴보도록 하겠습니다.

**물환경탐구 프로젝트**

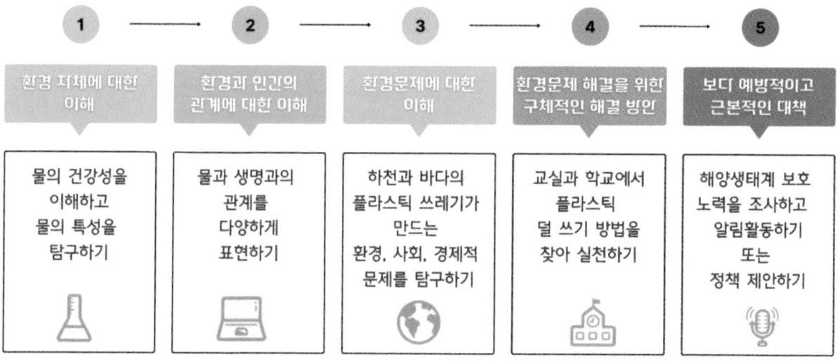

| 1 | 2 | 3 | 4 | 5 |
|---|---|---|---|---|
| 환경 자체에 대한 이해 | 환경과 인간의 관계에 대한 이해 | 환경문제에 대한 이해 | 환경문제 해결을 위한 구체적인 해결 방안 | 보다 예방적이고 근본적인 대책 |
| 물의 건강성을 이해하고 물의 특성을 탐구하기 | 물과 생명과의 관계를 다양하게 표현하기 | 하천과 바다의 플라스틱 쓰레기가 만드는 환경, 사회, 경제적 문제를 탐구하기 | 교실과 학교에서 플라스틱 덜 쓰기 방법을 찾아 실천하기 | 해양생태계 보호 노력을 조사하고 알림활동하기 또는 정책 제안하기 |

물환경탐구로 이해하는 5개 영역의 내용

제1 영역은 환경 자체에 대한 이해를 추구하기 때문에 물환경이 인간의 간섭 없이 건강할 때 가지는 특성을 탐구하거나 건강한 자연 상태에서 하천, 지하수, 해양 등이 어떻게 존재하며, 어떠한 상호작용을 통해 지구생태계에서 순환시스템을 구축하고 있는 이해하는 내용을 담을 수 있습니다. 또한 환경 자체가 가진 고유한 가치를 탐구하는 내용을 담아 물환경이 가진 아름다움을 발견하고 나눌 수 있는 활동을 할 수 있습니다.

제2 영역은 환경과 인간의 관계에 대한 이해를 목적으로 하기에 물환경에 의한 유역 사람들의 생활 변화에 대한 탐구, 우리가 물환경을 어떻게 개발하고 이용하고 있는지에 대한 탐구, 물이 우리에게 어떤 의미를 주는지 생명에게 얼마나 소중한지에 대한 탐구 등 물 없이는 살 수 없는 나의 모습을 확인하고 관계를 재정립하는 내용을 담을 수 있습니다.

제3 영역은 환경문제에 대한 이해입니다. 흔히 환경교육이라고 떠올릴 만한 전반적인 내용을 다룰 수 있습니다. 우리가 물환경을 이용하는 과정에서 발생한 수질오염, 물 부족 현상 등 환경문제와 그 현상에 대한 탐구, 우리의 활동이 물환경과 생태계에 미치는 영향에 대해 이해하는 활동을 진행할 수 있습니다.

제4 영역은 구체적인 환경문제 해결을 위한 대책입니다. 생활하수로 발생한 구체적인 환경문제에 대해 가장 효율적으로 해결하기 위한 수질 정화 방법, 식수원 보호 활동, 효과적인 하천 쓰레기 수거 방법 등을 찾는 내용을 담을 수 있습니다. 우리 생활 주변에서 물환경을 보호할 수 있는 당장 실천 가능한 해결 방법을 모색합니다. 가족과 친구, 이웃과 함께 1일 1 실천을 할 수 있는 방법을 이야기하는 것입니다. 건강한 물환경과 물환경문제에 대한 이해를 바탕으로 역할별 문제 해결 방법을 찾아볼 수도 있습니다.

제5 영역은 물에 사는 동식물에게 피해를 주지 않으려는 태도, 물을 아껴 쓰려는 마음 기르기, 물의 지속가능성을 위한 정책 제안하기 등 네 번째 영역과 비교하여 환경을 보다 근본적이고 예방적으로 보호하기 위한 탐구를 포함하는 것이 특징입니다. 또한 바다를 깨끗하게 만드는 시민단체를 후원하는 등 거시적이고 미래지향적인 관점에서 지속 가능한 환경을 위해 국제적·사회적·개인적으로 어떤 노력을 하여야 하는지에 대한 내용을 다룹니다. 무엇보다 중요한 물의 지속가능성에 대한 바른 이해, 또래 물환경교육 프로그램 만들기, 수도 요금과 상수원 보호 정책과 같은 사회시스템 만들기 등 보다 근본적으로 환경을 보전하기 위한 대책을 포함합니다.

처음 환경교육의 환경학으로 5가지 프로젝트를 완성한 후 그동안의 환경수업을 반성했던 기억이 납니다. 주로 제3 영역이나 제4 영역으로 수업했었다는 점, 관심사였던 야생화로만 제1 영역을 다루어왔던 점, 제2 영역은 대부분 일회성 계기교육으로 진행했다는 점, 제5 영역을 간과했다는 점, 마지막으로 각 영역을 분절적으로 다뤄왔다는 점이었습니다. 환경교육을 위한 환경학의 관점에서 2015 개정 교육과정을 분석한 결과도 크게 다르지 않았었지요.

환경교육의 환경학의 5가지 영역은 단순히 환경문제의 심각성을 알고 친환경행동을 실천하는 모습을 넘어 주체적인 환경인에게 필수적인 환경적 관점을 기르기 위해 환경교육에 무엇을 담아야 하는지에 대한 고민입니다. 이번 장에서는 각 영역의 의미를 세계 물의 날과 연계한 탐구 중심 환경교육 프로젝트를 통해 자세하게 살펴보겠습니다.

**제1영역** 건강한 환경, 경험하지 못한 아이들에게 알려줘야 할 것

책머리에 실린 자연의 멋진 풍경들을 기억해봅시다. 아름다운 가을 하늘, 고즈넉한 습지, 동글동글한 흔적이 가득한 갯벌 사진은 바로 이 영역을 이야기하기 위해 가장 앞쪽에 배치하였습니다. 저는 교육 대상이 어느 연령대이든 본격적인 환경 이야기에 앞서 아름다운 경관이나 평화로운 자연의 소리를 느끼게 합니다. 무엇 때문일까요?

첫 번째 이유는 아름다운 경관을 느끼게 하고 자연에 대한 경외심을 일깨워 환경과 인간의 관계를 재정립할 필요가 있음을 알리기 위해서입니다. 환경교육이 환경문제만을 다루는 교육이 아니라 환경에 대한 바른 이해, 환경과 우리의 관계에 대한 고찰로 자연과 공존하는 방법, 인간도 지구생태계의 한 요소로서 살아가기 위한 방법을 다루는 교육이라는 것을 강조하기 위함이지요.

두 번째 이유는 거대한 전 지구적 환경문제 앞에 우리가 이미 늦어버린 것은 아닌지, 기후 위기는 정말 극복할 수 있는지에 대해 무력감을 느끼거나 우울함을 겪지 않기를 바라는 마음에서입니다. 우리에게 아직 잃어버리지 않은 것들이 남아 있으며, 그것은 우리가 지금 과거의

실수를 바로잡는다면 머지않아 자연이 늘 그러했듯이 제 모습을 찾을 것이라는 이야기를 하고 싶기 때문입니다.

유난히 더운 여름, 예년 기록을 갈아치우는 가뭄 또는 장마 등 우리가 이상기후라 부르던 현상은 어느 순간 이상하지 않은 일상이 되어가는 중입니다. 이상하지만 이상함을 느끼지 못하는 일상에서 아이들은 특별한 문제를 찾기가 어렵습니다. 우리가 가르쳐야 할 아이들이 건강한 자연의 일상을 체감해본 적이 없는 세대라는 것을 잊지 않고, 환경문제를 이야기함에 앞서 제1 영역의 내용을 충분하게 다뤄주어야 하는 이유입니다.

건강한 환경에 대한 이해를 통해 우리가 잃어버린 것이 무엇인지 알아차리도록 해요

제1 영역인 환경 자체에 대한 이해 영역은 기본적으로 인간의 간섭 없이 건강한 환경 자체가 가지는 특성에 관한 탐구입니다. '스스로 그러하다'라는 의미인 자연이라는 한자를 살펴보면, 제1 영역에서 어떤

내용을 다룰 수 있는지 쉽게 이해할 수 있습니다. 우리와 관계를 맺기 전 그 존재 자체가 가지고 있는 가치에 대한 인식, 또는 발견이 중요합니다. 인간의 입장에서가 아닌 46억 년 동안 스스로 유지해온 지구의 모든 요소에 대해 그 가치를 인정해야 한다는 이야기이지요.

또한, 인간의 간섭 전 건강한 환경 자체를 이해함으로써 유기적인 환경의 고유한 특성과 가치, 다양한 환경과 생물이 상호보완적인 관계를 맺으며 지속가능성을 유지함을 이해하도록 하는 데 중점을 둡니다.

따라서 생물의 생김새나 특징을 단순히 나열하는 내용, 환경적 관점을 제외한 환경구성 요소에 대한 과학적 이해 내용만으로는 이 영역을 제대로 구성할 수 있다고 이야기할 수 없으며, 적어도 생태계 요소끼리의 상호작용에 관한 이야기가 들어가는 등 통찰적인 탐구 내용을 포함해야 합니다.

제1 영역의 목적은 건강한 환경에 대한 이해를 통해 우리가 잃어버린 것을 되찾으려는 마음을 갖는 것이라 할 수 있습니다.

제1 영역의 주요 내용으로는 인간의 간섭 없이 건강한 환경 자체가 가지는 특성, 여러 형태의 자연계 환경의 작동 원리, 환경 간의 상호작용을 통한 변화, 지속 가능한 미래를 위한 환경 고유의 가치 등으로 정리해볼 수 있으며, 관련 주제로는 자연의 소리, 물, 공기, 동물과 식물 등 생물적 요소, 아름다운 국토 경관 등 비생물적 요소, 생태계의 상호작용 등을 꼽을 수 있습니다. 생태교육의 내용과 유사한 영역이라고 할 수 있지요. 다양한 생태계와 환경요소를 균형 있게 다룰 수 있는 내용이 포함되어야 하며, 학년이 올라감에 따라 교과 내 중복된 부분을 다루면서도 그 내용의 깊이를 다르게 하거나 조금 더 통합적인 관점으로 건강한 환경 간의 관계를 바라볼 수 있도록 하는 교수학습 전략이 필요합니다.

세계 물의 날과 연계한 환경교육을 시작하면서 가장 물과 관련된 좋은 기억을 떠올리게 합니다. 깨끗한 계곡에서 즐겁게 놀았던 일, 축구장에서 한바탕 뛰고 난 후 시원한 물을 마셨을 때, 가족들과 즐거웠던 여름 바다 여행, 촉촉하게 내리는 봄비를 보며 부침개를 먹었던 일 등 주변에서 느꼈던 물의 아름다움과 생명력을 마음 깊이 느낄 수 있는 활동이면 무엇이든 좋습니다. 깨끗한 물을 오감으로 느껴보게 하거나 예쁜 동시를 짓는 것도 좋지요. 인간의 간섭이 없었을 때의 지하수, 검룡소부터 한강 하구까지의 물길, 아름답고 건강한 물환경을 직간접적으로 탐구하고 체험하게 한다면 제1 영역을 잘 다룬 것입니다.

**제2영역** 환경과 인간과의 관계, 생태적 전환의 핵심

제2 영역인 환경과 인간의 관계에 대한 이해 영역은 환경이 인간에게 어떤 의미를 주는지, 어떤 필요와 가치가 있는지에 대한 탐구입니다. 인간 중심적 사고에서 벗어나 인간 역시 지구생태계의 한 구성요소로서 자연에게 많은 혜택을 받는 존재임을 깨닫게 하는 것을 목적으로 합니다. 따라서 환경과 인간과의 관계를 재정립함으로써 얻어지는 환경적 관점과 생태전환적 사고를 위한 핵심 영역이라고 할 수 있습

니다.

또한 이 영역은 인간이 환경을 어떻게 개발하고 이용하고 있는지, 이러한 인공환경과 자연환경은 어떤 관계를 맺고 있는지를 이해하기 위한 내용을 포함합니다. 자연환경에 따른 인공환경 변화나 인공환경 변화에 따른 자연환경의 변화 또한 이 영역의 내용에 해당된다고 볼 수 있습니다.

동시에 환경변화에 따른 인간의 변화를 살펴봄으로써 환경과 인간의 관계를 상호유기적으로 이해하기 위한 내용을 다룹니다. 이를 통해 환경을 도구가 아닌 가치로 바라볼 수 있는 다양한 내용을 포함할 필요가 있습니다. 생태적 전환과 환경적 관점이 중요하게 다뤄지는 부분이라고 할 수 있습니다.

환경과 인간의 관계를 바르게 이해하고 환경적 관점을 길러요

제2 영역은 환경과 인간의 관계를 바르게 이해하고 환경적 관점을

기르는 것을 목적으로 합니다.

따라서 제2 영역을 구성할 때는 대상에 따라 전략을 바꿔야 합니다. 어린 학습자일수록 다양한 활동을 통해 환경과 인간과의 관계를 환경적 관점으로 바라볼 수 있는 눈을 쉽게 기를 수 있습니다. 또한 자기환경화를 통해 주변의 동식물과 자연환경을 쉽게 의인화시키고 공감할 수 있지요.

하지만 청소년기에 들어서 이미 가치관이 어느 정도 확립되었다면 감수성에만 호소할 수 없습니다. 이때는 우리에게 익숙한 정량적 수치들로 자연의 가치를 이해하는 부분도 필요하다고 생각합니다. 바로 생태계서비스의 내용이 이 영역에서 유용하게 다뤄질 수 있다는 이야기입니다.

생태계서비스는 다양하게 정의되고 있지만, 이 영역에서 다루는 정의는 '인간이 자연으로부터 얻는 직간접적인 혜택'을 일컫는 용어로, 인간이 자연으로부터 얻는 혜택과 자연의 가치를 정성적 또는 정량적인 단위로 측정합니다. 자연의 가치를 이해를 돕기 위한 수치화, 경제적 단위 등으로 표현하면 부족한 환경적 관점으로는 보기 어려운 가치를 쉽게 받아들이게 할 수 있습니다. 생태계가 우리에게 다양한 서비스를 제공한다는 생태계서비스 개념을 통해 자연 없이는 우리도 존재하기 어렵다는 것을 이해함으로써 인간 중심적 사고에서 벗어나도록 유도하는 것입니다.

| 범주 | 기본 개념 | 주요 서비스 |
|---|---|---|
| 공급 서비스 | 생태계로부터 얻는 1차적 생산물과 같은 직접적 혜택 | 먹거리, 물, 원자재, 의약 자원 등 |
| 조절 서비스 | 생태계 과정의 조절로부터 얻는 혜택 | 대기질 유지, 기후 조절, 수질 정화, 재연재해 조절, 수분(꽃가루받이) 등 |
| 문화 서비스 | 영적인 충족, 인지 발달, 레크리에이션, 미적 체험 등 비물질적인 혜택 | 종교적 가치, 문화적 다양성, 경관미, 생태관광, 교육과 예술적 영감, 휴식 및 건강 등 |
| 지지 서비스 | 생태계 서비스의 다른 범주들이 제공되는 데 필요한 것들 | 생물다양성, 서식지, 대기 중 산소 제공, 토양 형성 등 |

생태계서비스의 4가지 범주

(출처) ESP아시아사무소(2019). 자연이 주는 선물. 참고하여 재구성함

제2 영역의 주요 내용으로는 환경이 인간에게 주는 의미·필요·가치, 환경에 의한 인간 활동의 변화, 인간의 환경 개발·이용 현황, 인간 활동으로 인한 환경의 변화, 인공환경과 자연환경과의 관계, 지속 가능한 미래를 위한 환경과 인간과의 바른 관계 등으로 정리해볼 수 있으며, 관련 주제로는 도시와 환경, 농촌과 환경, 생활에 필요한 물건, 여가생활과 환경, 나·가정·학교와 환경, 조상들의 환경 지혜 등을 꼽을 수 있습니다.

제가 진행하는 세계 물의 날과 연계한 환경교육에서는 물과 생명의 뗄 수 없는 관계를 느끼게 하고 탐구하게 하는 활동을 합니다. 학교 화단을 돌아보고 목이 마르지만 잠시 참았다가 물을 마셔보게 하거나(참으면 더 마시고 싶어지는 건 왜일까요?) 더러운 손을 씻고 싶은데 원할

때 씻지 못했던 경험을 이야기하게 해 볼 수도 있습니다. 말라서 발아하지 못한 씨앗을 관찰하거나 수분이 부족하면 건강에 얼마나 치명적인지 조사하게 할 수도 있지요. 또는 한강 유역에서 물길과 인접한 아이들에게는 한강으로부터 얻는 많은 것들을 탐구하게 할 수도 있습니다. 물이 없다면 일어날 수 있는 일을 상상해보아도 좋지요. 물의 소중함을 일깨울 수 있는 내용과 활동이라면 모두 이곳에서 다뤄볼 수 있습니다.

**제3영역 환경문제의 이해, 통찰적 탐구와 시스템적 사고**

제3 영역인 환경문제에 대한 이해 영역은 환경이 인간에 의해 이용되는 과정에서 발생하는 환경문제의 원인과 과정, 그 현상에 대한 이해를 주로 다룹니다. 인간 활동이 환경에 미치는 부정적인 영향에 관한 내용을 포함하게 되지요. 그러나 과학적인 탐구와 함께 통찰적인 탐구를 할 수 있는 내용을 다뤄야지만 제3 영역을 잘 다루었다고 이야기할 수 있습니다. 그러기 위해 시스템적 사고를 기를 수 있도록 하는 활동을 포함해야겠지요?

좁은 의미의 환경교육은 환경문제가 심각해지면 그 예방과 해결을 위해 수단으로서 행동의 변화에 초점을 두고 인간 활동과 환경 사이의 관계를 다루는 교육으로 정의되기도 합니다. 그렇기에 제3 영역은 환경교육에서 가장 많이 다루어왔던 내용이라고도 할 수 있습니다.

제3 영역의 주요 내용으로는 환경문제의 원인, 인간 활동이 환경에 미치는 영향, 환경이 이용되는 과정에서 환경문제가 발생하는 과정, 환경문제의 현상, 현황 및 영향, 지속 가능한 미래를 저해하는 환경문제의 의미 등으로 정리해볼 수 있습니다.

관련 주제로는 기후변화, 도시문제, 멸종위기종, 외래종, 소음공해, 소음 대책, 대기, 수질, 토양오염, 한정된 자원과 폐기물, 환경호르몬 등 우리가 환경문제라고 생각되는 모든 내용을 다룰 수 있습니다.

그러나 이전의 환경교육과는 달리 제3 영역에서 강조하는 것은 환경적 관점을 기르기 위해 환경문제에 관한 과학적 탐구를 바탕으로 환경문제를 보다 깊이 있고 폭넓게 이해하기 위한 **통찰적 탐구**를 수반하는 내용을 포함해야 한다는 것입니다.

환경적 관점과 시스템적 사고를 통해 환경문제를 깊이 탐구해요

제3 영역은 환경적 관점과 시스템적 사고를 통해 환경문제를 깊이 탐구하는 것을 목적으로 합니다. 이 영역에서는 시스템적 사고를 통해

환경문제를 다룸으로써 개인과 세상을 통합적으로 인식하고 부분보다는 전체를, 눈에 보이는 것보다는 보이지 않은 것에 대한 이해를 추구할 수 있도록 도와야 합니다. 또한 인간 중심적 사고에서 벗어나 다양한 관점에서 환경문제를 다룸으로써 얻어지는 시스템적 사고는 생태계의 한 요소로서의 삶에 대한 본질을 이해하게 합니다. 또한, 경제·사회 구조 간에 작용하는 복잡한 상호작용 및 관계에 관한 통찰적 탐구를 가능하게 할 것입니다.

예를 들어, 어떤 마을의 환경문제를 이해하기 위해서는 마을의 자연환경과 인문환경을 모두 탐구해야 합니다. 마을을 이루고 있는 자연환경과 인공환경의 변화과정을 토대로 마을에서 생활하는 사람들의 관계를 통합적으로 이해하고, 유기적인 상호관계로 인한 여러 가지 사회, 문화, 경제 현상을 보다 시스템적인 관점으로 이해함으로써 마을에서 발생한 환경문제의 원인을 규명하고 그 결과를 바르게 도출하는 과정 모두가 제3 영역이라고 할 수 있습니다.

세계 물의 날과 연계한 환경교육에서는 세계 물의 날이 왜 지정되었는지 그 과정을 알아보는 것으로도 좋은 활동을 구성할 수 있습니다. 생활 주변의 물 문제, 단수 때의 경험, 부영양화와 하수 처리 과정, 우리나라 가뭄 기사, 해양 쓰레기와 미세플라스틱 문제, 물 부족 국가가 겪고 있는 어려움 등 우리가 흔히 물 환경문제라고 일컫는 모든 내용의 탐구를 할 수 있습니다.

**제4영역** 환경문제 해결을 위한 구체적인 해결 방안, 지금 우리가 시작하기

환경문제 해결을 위한 구체적인 해결 방안을 탐구하는 제4 영역은 이미 발생한 환경문제를 즉각적이고 가장 효과적으로 해결하는 방법을 모색하는 내용입니다. 또한 환경에 대한 기초학문적 이해를 바탕으로 지구환경 구성원으로서 각자의 위치와 역할에 따라 구체적이고 실천적으로 환경문제 해결을 위해 노력하는 활동을 포함합니다. 현재 학교에서 다뤄지고 있는 대부분의 환경교육, 지금의 실천을 중요하게 이야기하는 탄소중립 실천 교육이 제4 영역에 해당한다고 할 수 있습니다.

구체적인 환경문제 해결 방안을 찾아 실천해요

제4 영역의 목적은 각자의 상황과 역할에 따라 구체적인 환경문제 해결 방법을 모색하고 앎을 바로 실천하게 하는 것입니다. 내가 할 수 있는 일, 나와 주변 사람들이 일상생활에서 함께 실천할 수 있는 일을 찾아보는 활동을 시작으로 지속 가능한 삶의 방법을 나의 상황에 맞

게 연습하도록 하는 영역이지요.

주요 내용으로는 환경을 위해 가정생활·지역 안에서 할 수 있는 일, 이미 발생한 환경문제를 가장 효율적으로 해결할 수 있는 과학기술적·사회경제적·정책적 해결 방안, 응용과학적인 접근을 통해 직접적으로 환경문제를 해결할 수 있는 구체적인 방안, 환경에 대한 기초학문적 이해를 바탕으로 한 실제적인 문제 해결 방안 등으로 정리해볼 수 있습니다.

제4 영역의 활동 주제로는 크고 작은 환경 관련 활동 참여하여 알게 된 환경 지혜를 실천해보는 것으로 바른 분리배출과 재활용 생활화하기, 녹색 소비의 뜻을 알고 실천하기, 친환경 농사법으로 텃밭 가꾸기, 제철 과일 먹기로 탄소중립을 실천하기 등을 꼽을 수 있습니다.

특히 제4 영역은 일상의 실천을 주로 다루기 때문에 학생주도적 프로젝트의 핵심으로 활용할 수 있으며, 학교교육과정 자율성 확장을 위한 실제적인 역할을 할 수도 있습니다.

제가 실천하는 세계 물의 날과 연계한 환경교육에서는 소중한 물을 위해 내가 당장 실천할 수 있는 일을 찾아보고 실천하는 연습 기회를 제공하기 위해 노력하고 있습니다. 이미 발생한 물 환경문제를 조속히 해결하기 위한 개인적인 노력과 실천이 제4 영역의 핵심입니다. 샤워 시간을 줄이거나 텀블러를 사용하거나 변기에 페트병을 넣어 물을 아끼는 등 가정에서 할 수 있는 일로 이어질 수 있도록 구성하기도 합니다. 응용과학적인 접근으로 다양한 절수형 수도꼭지를 탐구해본다거나 정책적 해결 방안을 모색하기 위해 해양 쓰레기 투기를 금지하는 법에 대해 알아볼 수도 있습니다.

**제5영역** 근본적으로 환경을 보전하기 위한 대책, 지속 가능한 삶을 위한 시스템 만들기

제5 영역인 보다 근본적으로 환경을 보전하기 위한 대책 영역은 환경을 예방적으로 보호하기 위한 탐구 내용입니다. 환경교육으로 지속 가능한 삶의 가치를 이해하고 이를 내면화하는 과정 자체가 제5 영역이지요. 지속 가능한 환경을 위해 국제적·국가적·사회적·개인적으로 어떠한 노력을 해야 하는지, 환경과 관련된 철학적 규명·의미 해석과 함께 사회적·교육적·문화적 시스템을 어떻게 구성해야 하는지에 관한 내용이 이에 포함됩니다. 따라서 17가지 지속가능발전목표를 달성하기 위해 가정과 지역 안에서 가능한 실천 방법을 논의하고, 적용해보는 활동처럼 거시적이고 기초적이며 미래지향적인 관점으로 제5 영역의 활동을 설계하는 것이 중요합니다. 지속 가능한 미래를 위해 다양한 계층이 함께 연대해야 함을 깨닫고 지속 가능한 사회시스템을 만들고자 실천하는 활동이 이 영역에 해당합니다.

제5 영역의 목적은 환경문제를 근본적으로 예방할 수 있는 선제적인 대응책과 세계적인 연대를 통해 모두가 지속 가능한 삶을 살아갈 수 있는 시스템을 만드는 것입니다. 특히, 제5 영역은 교육을 통해 환경윤리를 바르게 이해하고 환경친화적 태도 및 가치관, 생명 존중 사상

을 함양할 수 있도록 지속적인 활동이 되도록 설계하는 것이 중요합니다. 따라서 자기환경화, 지속가능성에 대한 내면화 등의 활동을 반드시 포함해야 합니다.

제5 영역의 주요 내용으로는 지속가능성에 대한 내면화를 위한 노력, 환경을 보다 근본적이고 예방적으로 보호하는 방법의 탐구, 미래 지향적인 관점에서의 국제적·사회적·개인적인 노력과 지속 가능한 미래를 위한 사회적·교육적·과학 기술적·문화적 시스템 등을 모색하는 내용으로 정리해볼 수 있으며, 활동 주제로는 학교 환경교육과 사회 환경교육에 적극적으로 참여하기, 환경의 중요성 알리기(캠페인), 국가 또는 국제적 정책에 협조하기, 지속 가능한 교실(학교) 만들기, 지속 가능한 문화 의식 높이기, 지속 가능한 삶을 실천하는 환경일기로 나의 하루를 성찰하기, 지속 가능한 사회를 만드는 지역 또는 국가 정책 제안하기, 세계 환경기념일에 동참하여 지구 시민으로 연대하기 등을 꼽을 수 있습니다.

세계 환경기념일을 활용하면 가장 좋은 점은 바로 손쉽게 세계와 연대할 수 있다는 점입니다. 그 자체로 제5 영역이 되지요. 세계 물의 날과 연관된 다른 환경기념일이나 시민단체를 알아보고 이를 후원할 수도 있고, 다양한 세계 대회 참여를 통해 물 환경문제를 예방할 수 있는 발명품 또는 앱을 개발하거나 입법 제안 등도 생각해보게 할 수 있습니다. 해양 쓰레기 문제를 해결하기 위해 노력한 청소년 환경운동가를 탐구하여 이를 널리 알리는 활동도 제5 영역이라고 볼 수 있습니다.

예방 노력과 연대를 통해 지속 가능한 시스템을 만들어요

2022 개정 교육과정에서 시스템적 사고와 사회적 실천을 중요하게 여기는 만큼 통찰적 탐구를 중요하게 다루는 환경교육 내용의 5가지 영역화는 교육과정 개발에 중요한 시사점을 줍니다. 특히, 자기환경화를 강화하기 위해 지역의 소재로 5가지 영역화를 시도하면 손쉽게 아이들의 삶과 밀접한 지역화 교육과정을 만들 수 있습니다. 체계적인 지역화 교육과정은 아이들이 주체적으로 지속 가능한 삶을 이해하고 연습하는 기회를 제공할 수 있겠지요.

환경교육을 위한 환경학의 5가지 영역으로 개발한 지역화 교재의 예

그러나 환경교육 내용의 5가지 영역화는 교육과정 체계화의 한 방법으로 제안한 것으로 5가지 영역이 위계적인 순서를 갖는 것은 아닙니다. 학습자의 수준 또는 수업 상황에 따라 선택하거나 순서를 조정하여 활용하셔도 되고, 5가지 중 2~3가지만 활용하실 수도 있습니다. 예를 들어, 간단한 환경의 날 계기교육을 위해 제1 영역으로 학교 주변 환경의 아름다움을 담은 사진 대회를 열어보고 제3 영역으로 이런 아름다움을 지속불가능하게 하는 우리 학교 친구들의 행동을 찾아본 후 제4 영역으로 학교 주변 환경의 아름다움을 지키기 위한 실천 방법을 모색하여 친구들과 함께 아름다움을 지키는 습관 만들기로 구성하셔도 됩니다.

요즘 환경교육 교재나 프로그램이 다양하게 개발되고 있습니다. 국가 수준 교육과정이 없는 초등 환경교육의 교재나 프로그램은 저마다 특색있는 체계화를 시도하고 있지요. 이 중에 선생님의 학급경영과 잘 맞는 부분을 잘 취사선택하여 선생님만의 영역화를 시도하셔도 좋습니다. 예를 들어, 서울교육청 생태전환교육 프로젝트 설계 사례집의 '배우고, 느끼고, 행하고, 나누고, 말하고'의 지구를 구하는 생태전환교육 5가지 전략을 내 수업으로 가지고 온다고 상상해보세요. 내가 중요하게 여기는 환경적 관점을 강조하기 위해 '지구를' 구하는 생태전환교육이 아닌 '모두를' 구하는 생태전환교육으로 수정하거나, 5가지 전략 중 느끼고, 배우고, 행하고까지는 순차적으로 사용하되 나누고, 말하고를 통합하여 4가지로 영역화하여 프로그램을 만들어볼 수도 있습니다. 또는 나누고, 말하고, 느끼며 행할 수도 있지요.

선생님만의 교사교육과정을 탄탄하게 만들기 위해서는 이미 개발된 환경수업으로 교육과정 재구성을 시도해보고 어느 정도 노하우가 생겼을 때 선생님만의 영역 만들기를 권장합니다. 학교의 상황과 지역 특색에 맞게 내용 영역을 만들어 교육과정을 재구성하다 보면 어느새 나만의 교사교육과정을 실천할 수 있게 되겠지요?

교육을 한다는 것은 주어진 교육과정, 즉 국가 수준 교육과정이나 교과서를 그대로 전달하는 것이 아니라 교사에 의해 재구성되고 새롭게 개발되는 역동적인 성격을 가집니다. 따라서 교사는 문서화된 국가 수준 교육과정 이상으로 학급에서 실행되는 교사교육과정을 통해 새로운 교육과정을 디자인할 수 있습니다.

무엇이든 좋습니다. 중요한 것은 내가 지도하는 아이들에게 가장 적합한 교육과정을 개발하기 위해 효과적이고 체계적인 기준 세우기를 시도해본다는 것이니까요.

## 수업으로 살펴보기 줍깅이든 플로깅이든 그냥 하지 맙시다

드디어 학교 바깥으로 나아가 친구들과 동네 한 바퀴를 돌아보는 시간입니다. 아이들은 선생님의 공지에 이미 한껏 들떠 있습니다. 우리 학교에서 행정복지센터까지 멀지는 않은 길, 늘 다니던 길이지만 친구들과 함께 수업 시간에 바깥으로 나간다는 자체가 설레는 일이겠지요.

아이들은 동네 한 바퀴를 돌아보며 우리 마을에 어떤 가게가 있는지, 어떤 사람들을 볼 수 있었는지, 어느 곳에 나무나 맨땅을 볼 수 있는 공간이 있는지, CCTV나 신호등, 소화전처럼 안전을 위한 물건들이 충분한지 등 모둠끼리 주제를 정해 관찰하기로 하였습니다.

신이 난 아이들과는 달리 선생님은 한껏 긴장 중입니다. 최대한 건널목을 건너지 않고 다닐 수 있는 안전한 길로 동네 한 바퀴 루트를 잡아두긴 했지만 마을 곳곳에서 아직 공사가 한창 진행 중이기 때문입니다. 그리고 선생님을 긴장시킨 또 하나의 활동이 있었으니 바로 줍깅입니다. 동네 한 바퀴를 둘러보는 동안 환경 정화 활동도 함께해 보기로 한 것입니다.

"오, 여기 쓰레기 엄청 많네."

"내가 먼저 발견했거든?"

줍깅 활동은 장소별로 나누었습니다. 건널목이나 인도가 좁은 곳에서는 중간에 멈추지 않기로 약속하고 사전에 줍깅을 하기로 한 장소에서만 쓰레기를 줍습니다. 모둠별로 손잡이가 있는 쓰레기종량제 봉투는 10ℓ짜리 한 개씩입니다. 아이들이 쓰레기를 주워 넣을 때마다 모둠별 기록 담당 친구들의 손이 바쁩니다. 어떤 쓰레기를 몇 개나 주웠는지 바로바로 기록해야 하기 때문입니다.

"담배꽁초 진짜 많다, 누가 여기에서 담배를 피우는 걸까? 우리 아빠는 아니겠지?"

"여기는 아이스크림 껍질 천국이네, 가게 바로 옆이라서 그런가 봐."

"야, 여기도 있어!"

"쓰레기통 주변이 오히려 더 더럽네?"

아이들의 재잘거림이 쌓여 가는 만큼 봉투 속 쓰레기들도 쌓여 갑니다. 어느 장소에서는 쓰레기봉투가 금방 차서 부족했고, 어느 장소에서는 꽤 넉넉히 남았습니다. 기록이들이 모둠별 쓰레기의 종류와 양을 기록했으니 쓰레기가 넘치는 곳에서는 다른 모둠 봉투에 더 줍깅을 하였습니다.

아이들은 동네 한 바퀴를 돌고 학교로 돌아와 관찰한 내용을 정리하고 그 날의 교과 활동을 마무리하였습니다.

다음 날, 선생님은 각 모둠 기록이들에게 받았던 데이터들을 활용하여 줍깅한 장소별 사진과 쓰레기의 양, 종류를 한눈에 알아볼 수 있도록 표와 그래프로 만들어 교실에 게시해주셨습니다. 오늘은 우리가 줍깅한 장소에서 발견한 쓰레기의 종류에 따라 '깨끗한 우리 마을 만들기' 캠페인의 대상과 방법을 정하기로 한 날입니다.

사실 줍깅을 하기 전, 아이들은 선생님과 많은 것을 공부하였습니다.

우선 선생님은 아이들의 눈으로 보기 어려운 자연의 분해자들을 소개해 주었습니다. 윽, 어찌나 징그럽게 생겼던지요. 하지만 자연의 분해자들이 하는 일은 정말 엄청난 것들이었습니다. 낙엽이 자연으로 돌아가기 위해 분해자들이 꼭 필요했습니다. 아이들은 선생님이 화단에서 나뭇잎 관찰을 하고 나서, 그것들을 자연으로 돌려보내기 위해 다시 화단에 두고 와달라고 이야기했는지를 알았습니다.

그리고 주말 동안 아이들이 집에서 버린 쓰레기를 기록하게 하였습니다. 우리 가족까지 포함해야 하니 생각보다 종류도 양도 많았습니다. 아이들의 아파트에서는 주말에 쓰레기를 분리 배출할 수 있었는데, 우리 마을 분리배출장도 관찰하게 하였습니다. 우리 집에서 나오는 쓰레기의 양은 그래도 이 정도구나 싶었는데, 아파트 한 동에서 나오는 양이 정말 엄청나다는 걸 알게 된 아이들은 깜짝 놀랐다는 발표를 하였습니다. 그런데 선생님이 아이들에게 주목하게 한 것은 우리가 내놓은 쓰레기들이 다음 날이면 아파트 내에서 보이지 않게 된다는 것입니다. 종량제 봉투야 투입구에 버리기만 하면 쏘옥~ 지하통로를 통해 소각장으로 간다고 하지만, 그 많은 재활용품은 다 어디로 가는 것일까요?

선생님은 우리 마을에서 버려진 쓰레기와 재활용품이 모이는 장소를 알려주셨습니다. 바로 자원화센터와 쓰레기 매립장이라는 곳이었습니다. 자원화센터는 우리가 잘 알고 있는 소각장이었고 쓰레기 매립장은 재활용품으로 배출되었으나 재활용되지 못하는 쓰레기들이 가는 곳이었습니다.

여러 가지 사진들과 동영상, 홈페이지의 VR로 보게 된 쓰레기들은 정말 어마어마하게 많았습니다. 냄새가 날 리 없지만, 저절로 눈살이 찌푸려지는 장면들도 많았습니다. 우리가 버린 쓰레기들을 처리하기 위해 정말 많은 노력이 필요하다는 것도 알게 되었습니다. 그런데 문제는 곧 쓰레기 매립장을 쓸 수 없게 된다는 것이었습니다. 우리 마을의 쓰레기와 수도권에 있는 다른 마을의 쓰레기들은 어느 한 지역의 쓰레기 매립장에 버려지고 있는데, 그곳에서 더 이상 다른 마을 쓰레기들을 받지 않겠다고 선언했다는 것입니다. 우리 아파트가 주말 동안 버린 쓰레기들이 한 달이 모이고, 일 년이 모이면 우리 마을은 금방 쓰레기로 가득 찰 거 같습니다.

아이들은 나름대로 대책을 이야기하였습니다. 우선 쓰레기를 줄이는 것이 먼저였습니다. 주말 동안 우리 집에서 버려지는 쓰레기의 종류가 무엇인지 조사했던 아이들은 쓰레기의 종류에 맞게 우리 집에서 어떤 행동을 해야 쓰레기를 줄일 수 있는지 가족들과 이야기해보기로 하였습니다. 그리고 그 행동을 1주일에 한 번씩 꼭 줄여보기로 실천계획을 세웠습니다.

다음으로 우리 마을 쓰레기들도 잘 버려야 한다는 것을 알게 되었습니다. 쓰레기통에 쓰레기를 제대로 분리 배출하지 않으면 재활용률이 떨어지고, 그렇게 되면 소각하거나 매립해야 하는 쓰레기양이 늘어나기 때문이었죠. 그래서 아이들은 '우리 마을을 깨끗하게 만들자'라는 캠페인 활동을 하기로 하였는데, 선생님은 캠페인 활동을 누구에게 어떻게 해야 효과적으로 할 수 있을지를 물어보았습니다. 마을 사람들에게 해야 하는 것은 당연한 거 같은데 구체적으로 누구에게 어떻게 해야 할지는 쉽게 대답하기가 어려웠습니다.

그렇게 우리 마을에 어떤 쓰레기가 많은지, 누가 쓰레기를 버리고 있는지를 알기 위한 줍깅이 시작된 것입니다.

우선 아이들은 동네 한 바퀴 줍깅을 하기 한 주 전, 등굣길에 혹은 가족과의 산책길에서 유난히 쓰레기가 많이 보이는 곳을 조사하였습니다. 그리고 모둠끼리 줍깅활동을 하면서 쓰레기의 종류를 기록하였던 것입니다.

'깨끗한 우리 마을 만들기' 캠페인의 대상과 방법을 정하기 위해 열띤 토의가 이어집니다. 담배꽁초가 많았던 골목에서는 담배를 피우는 어른을 대상으로 캠페인을 하고, 간식 포장지가 많았던 24시간 무인 가게 앞에는 친구들을 대상으로 캠페인을 해야 한다는 이야기가 나왔겠지요? 놀이터에서는 특히 음료수와 관련된 쓰레기들이 많다는 걸 알게 된 아이들은 캠페인 문구를 어떻게 정할지도 함께 이야기하였습니다.

줍깅 활동뿐만 아니라 앞서 공부한 쓰레기 매립장을 더 이상 사용하지 못했을 때 생기는 문제들도 마을 사람들에게 알려주기로 하였습니다. 조만간 마을 사람들은 놀이터에서, 무인 가게 앞에서, 아파트 홍보 게시판에서 아이들이 만든 홍보물을 볼 수 있게 될 것입니다.

그렇게 캠페인 활동으로 줍깅 수업이 끝이었냐고요? 당연히 아니었겠죠?. 선생님은 가족들과 산책하면서 우리의 홍보물이 효과가 있었는지를 살펴봐 달라고 이야기하였습니다. 만약 캠페인이 충분한 효과가 없었다면 마을에 어떤 제안을 해야 이 문제가 해결될 수 있을지에 관한 이야기를 가족들과 이야기해보라고도 하셨습니다. 만약 줍깅을 학교에서 한다면 어디에서 하고 싶은지 생각해보라고도 하셨어요. 아마 곧 학교에서의 줍깅 활동이 시작될 건가 봅니다.

- 5가지 영역으로 교육과정 주무르기 -

5가지 영역은 한 차시의 개별 수업에서도 적용되어야 하고, 영역별로 1차시씩 5차시의 프로젝트로 개발할 수도 있습니다. 영역별 차시가 늘어나게 되면 한 학기 프로젝트가 될 수도 있고, 이를 연간 교육과정에서 긴 호흡으로 확장 시킬 수도 있습니다. 저는 아이들과 환경적 관점을 기르는 것을 목표로 하는 5가지 영역으로의 접근을 '별꼭지 생각법'이라 부르기로 하였습니다.

| 별꼭지 생각법 \ 동영상 | 지렁이 똥 | 새집에 무엇인가 있어요 |
|---|---|---|
| 건강한 환경 | 분변토, 지렁이길 | 깨끗한 실내 공기 |
| 환경과 인간과의 관계 | 음식물 쓰레기<br>식물 성장 도움 | 천식, 아토피 등 건강 피해 |
| 환경문제 | 지렁이가 살 땅이 없는 도시 | 벤젠 등 화학물질 |
| 구체적 해결 | 분리수거<br>화단 가꾸기 | 공기청정식물<br>환기 |
| 근본적 예방 | 도시에 땅 남겨두기 | 친환경건설재료관련법규제정 |

↑
1주제 1차시
단일 수업으로 구성

| 차시 \ 주제 | 지하수 이야기 |
|---|---|
| 1차시 | 아름다운 물환경, 물방울의 여행 |
| 2차시 | 나에게 물은 얼마나 소중한 걸까? |
| 3차시 | 지하수가 될 수 없는 동동이 |
| 4차시 | 물을 위해 내가 할 수 있는 것 |
| 5차시 | 지하수 가득, 친환경도시 만들기 |

←
1주세 5차시
프로젝트로 구성

자, 이제 실전입니다. 일회성 환경 행사일 수 있는 줍깅 활동이 앞서 살펴본 '수업으로 살펴보기'에서처럼 어떻게 교사교육과정으로 만들어질 수 있는지 살펴볼까요? 요즘 외부 강사를 초청한 일회성 프로그램을 학교 환경교육에서 많이 활용하고 있는데, 이런 일회성 수업을 교육과정으로 만드는 데 도움이 되실 겁니다.

줍깅 또는 플로깅, 요즘 정말 많이 진행되는 환경 활동입니다. 대부분의 줍깅은 주변 환경을 정화하는 실천적인 활동으로 학교 운동장, 등하굣길, 공원, 하천이나 해변 등에서 활동 중심으로 이루어지고 있습니다.

학교 환경교육에서는 주로 봉사 영역의 창체활동으로 진행되거나, 바른 분리배출 방법을 배우고 줍깅을 하며 쓰레기를 버리지 말자는 캠페인 활동을 하기도 하지요.

행사성이 강한 줍깅도 5가지 영역으로 짧은 프로젝트나 교육과정으로 만들면 훨씬 의미 있는 수업이 됩니다. 프로젝트의 제목은 '우리 마을을 깨끗하게, 줍깅이든 플로깅이든 그냥 하지 맙시다'입니다.

먼저 자연의 정화기능을 살펴봅니다. 스스로 자(自), 그러한 연(然). 저학년이라면 자연이란 의미를 살펴보며 그림문자 만들기 등 표현활동을 할 수도 있고, 스스로 회복하는 자연 다큐를 보면서 위대한 자연의 회복탄성력을 느껴볼 수도 있습니다. 고학년이라면 생태계의 중요한 구성요소인 분해자에 대해 알아볼 수도 있겠지요.

건강한 자연이라면 응당 가지고 있는 회복력을 누가 지속불가능하게 했을까요? 우리 집과 학교 쓰레기통에서 나온 쓰레기의 종류와 양을 조사하는 과정을 통해 자기환경화를 강화하며 자연의 정화기능을 지속불가능하게 만든 나의 책임을 돌아보게 합니다.

이후 우리 마을의 쓰레기가 매립장에서 처리되는 과정을 살펴볼 수도 있고, 쓰레기로 인해 생기는 환경문제의 심각성을 알아볼 수도 있겠지요. 쓰레기 처리 비용으로 환경문제가 발생시키는 경제적 손실에 대해 생각해볼 수도 있습니다. 우리 집 또는 학교의 쓰레기 문제를 마을로 확장해 우리 마을 쓰레기 문제를 해결하기 위한 활동을 모색해봅니다.

쓰레기를 줄여 깨끗한 마을을 만들자는 캠페인 활동을 그냥 할 수도 있지만 조금 더 효과적으로 할 수 있는 방법은 없는지를 생각해봅니다. 효과적인 캠페인을 위해 누가 어떤 쓰레기를 어느 정도 버리는지 알아야겠지요?

캠페인 장소를 선정하면 비로소 그곳에서 줍깅을 합니다. 이때 모둠별 기록이는 어떤 쓰레기가 얼마만큼 수거되는지 바로바로 기록합니다. 줍깅 결과에 따라 캠페인 대상을 정할 수 있고, 대상에 따라 캠페인 방법도 다양하게 고민해볼 수 있습니다.

마지막으로 우리 마을을 깨끗하게 하기 위한 캠페인을 실천하며 쓰레기 문제를 예방하기 위한 활동은 무엇인지 토론해 볼 수도 있습니다.

5가지 영역을 활용하니 의례적으로 해오던 봉사활동인 줍깅 하나만으로도 깊은 환경교육이 가능해지지요?

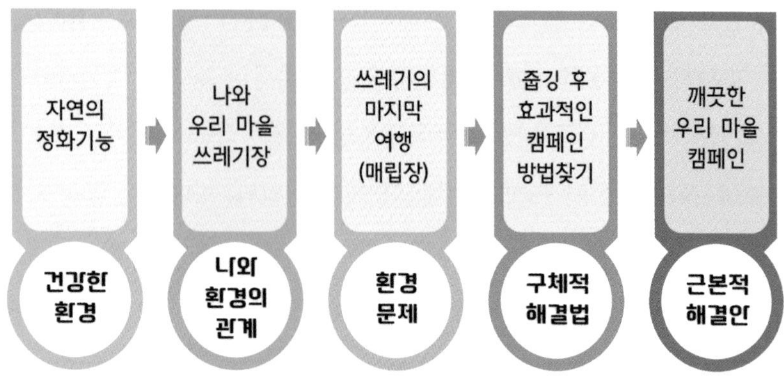


우리 마을을 깨끗하게, 줍깅이든 플로깅이든 그냥 하지 맙시다

또한 줍깅을 분절적이거나 단순 일회성 활동이 아닌 어떤 교육과정에 어떻게 배치하는지에 따라 다양한 재구성이 가능합니다. 줍깅으로 얻은 재활용품을 되팔거나 미술 수업을 진행했다면, 깨끗하게 재활용품을 버리는 것이 얼마나 중요한 일인지도 몸으로 깨닫게 됩니다. 덜 버리는 것만큼 잘 버리는 것도 중요함을 알게 되지요. 체득한 올바른 분리배출 방법을 학년 연계 활동을 통해 선후배들에게 이야기해볼 수 있고, 학년별로 줍깅 장소를 달리하여 다른 방법으로 캠페인 활동을 해 본 후, 우리 학교와 마을을 위한 쓰레기 문제 해결책, 효과적인 캠페인 방법 등을 공유하면 자연스럽게 학년 연계 활동이 됩니다.

올해의 줍깅 사진을 모아 전시회를 하거나 마을 쓰레기 소식지를 온라인 디자인 플랫폼에서 제작하여 배포할 수도 있고, 온책 읽기로 쓰레기 문제와 생활용 산업에 대해 깊게 탐구해볼 수도 있으며 줍깅이란 문화가 왜 생겨났는지, 시민이 만드는 사회문화가 우리의 삶에 어떤 영향을 주는지에 관한 생각을 글로 묶어 문집을 내거나 학교 홈페이지에 학생 칼럼으로 실을 수도 있습니다.

이제 학교 환경교육에서 많이 활용되고 있는 식물 키우기로 예를 들어볼까요? 요즘 탄소중립 실천을 위해 실내정원, 벽면녹화 활동 등 학교에서 식물을 키우는 경우가 많습니다. 녹색공간을 확대하는 것은 탄소 상쇄를 위해 지극히 지향해야 나가야 할 방향입니다만, 상황에 적합한 녹색공간의 모습, 효율적인 녹색공간의 확대 방안을 논의하는 과정 자체가 교육과정으로 개발되어야 한다고 생각합니다.

학교 공간에서 식물을 기르는 활동, 특히 벽면녹화 사업은 성공적으로 실행하기까지 다양한 어려움을 이겨내야 합니다. 예를 들어, 학교가 위치한 지역적 자연환경, 식물을 키우는 학교 공간의 특성을 살펴봐야 합니다. 빛이 잘 드는 공간인지 아닌지, 환기는 잘 되는지, 물 빠짐이 가능한지 등과 같은 특성을 고려하지 않으면 관리하기가 어렵겠지요. 방학 동안 관리를 책임질 담당자 등도 고려해야 합니다. 또한 환경감수성을 키우는 심미적 목적인지, 실내공기 질을 개선하기 위함인지, 탄소 상쇄를 위한 녹색공간인지, 외부온도에 대한 영향을 덜 받게 함으로써 에너지를 절약하기 위함인지 등에 따라 만들고자 하는 녹색공간의 목적을 명확히 해 보는 것도 습득한 환경역량을 적재적소에 활용해보게 하는 좋은 수업이 될 수 있습니다. 학교 실내공기 정화를 위해 녹색 벽면을 만든다면, 별꼭지생각법으로 다음과 같은 프로젝트를 만들 수 있습니다.

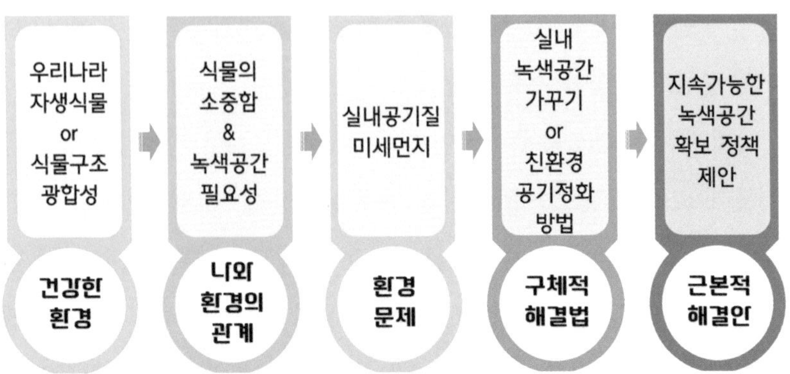

우리 학교를 푸르게, 모두가 함께 가꿔요

먼저, 공기정화 역할을 톡톡히 해주는 우리나라 자생식물을 공부합니다. 식물의 공기정화 과정을 이해하는 것도 건강한 환경을 이해하는 내용으로 다룰 수 있습니다. 건강한 식물의 역할과 스스로 자생한다는 의미를 이해하였다면, 식물이 제 역할을 다하는 과정에서 우리에게 어떤 도움을 주는지, 우리에게 왜 녹색공간이 필요한지를 토의해볼 수 있습니다. 우리가 녹색공간을 만들고자 하는 공간이 다른 용도로 사용되었을 때와 녹색공간으로 구성되었을 때의 모습을 비교하며 상상해보는 것도 좋은 방법입니다. 식물의 공기정화 기능이 왜 중요한지는 실내공기와 관련된 환경문제를 다루면서도 이야기를 할 수 있습니다. 식물이 미세먼지를 흡수하여 공기청정기 수십 대의 역할을 할 수 있다는 사실도, 탄소중립을 위해 탄소를 흡수하는 식물의 역할이 크다는 것도 배웁니다.

녹색공간이 우리 주변에 꼭 필요하다는 것을 깨닫게 되면, 구체적으로 어떤 녹색공간을 조성할 수 있는 효과적인 방법을 생각해봅니다. 또한 전기를 활용한 공기청정기를 쓰지 않고 친환경 공기정화 장치는 어떻게 만들 수 있는지도, 심미적인 부분과 과학적인 부분을 모두 고려하여 녹색공간을 만들 방안을 생각해봅니다. 또한 학교에서 녹색공간이 만들어진다면, 관리에 어떤 어려움이 있는지 예측해보고 학교 구성원이 효과적으로 함께 관리하는 방법을 논의할 수도 있습니다.

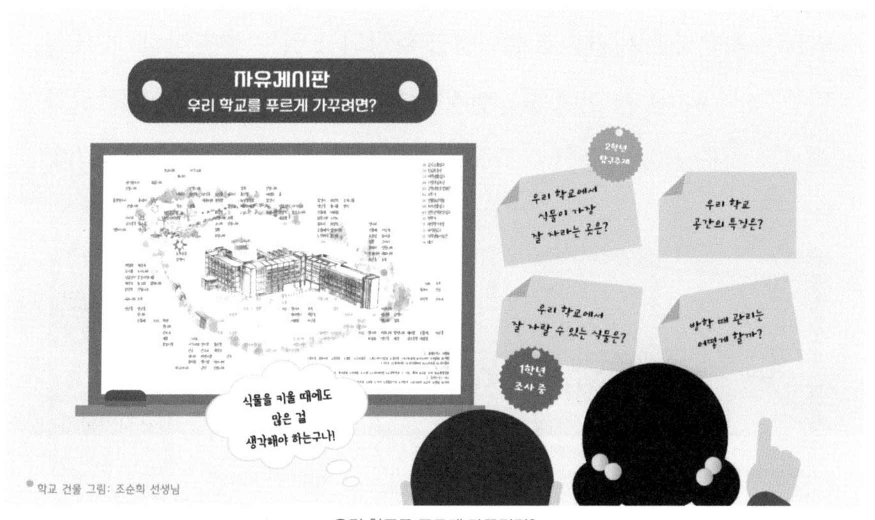


우리 학교를 푸르게 가꾸려면?

논의 결과대로 직접 시행해보고, 방법을 계속 수정해나가는 것 또한 실천 가능한 학년 연계 활동이 됩니다. 마지막으로 우리 학교에 만들어진 녹색공간을 보호하고 확장하는 데 필요한 다양한 시스템을 생각해봅니다. 방학 동안 여러 학교의 녹색공간을 대신 관리해줄 수 있는 서비스를 알아보거나 자치회를 중심으로 푸른 학교 가꾸기 활동을 계획하거나 마을 청소년 봉사활동 연계 등을 고려해볼 수도 있습니다.

학교에서의 녹색공간 만들기 과정을 프로젝트로 마치고 나면 마을 주변의 근린공원으로 그 영역을 확장해볼 수 있습니다. 우리가 흔히 자연이 아름답다고 느끼는 공간은 인간의 관점에서 잘 정돈된 자연일 경우가 많지요. 근린공원이 그 대표적인 공간이라고 할 수 있겠습니다. 근린공원의 아름다운 자연은 건강한 자연과 같은 모습일까요? 우리가 만드는 녹색공간이 단순히 넓이로만 확장되고 있는 것은 아닐까요? 건강한 녹색공간이란 어떤 모습인지 어떻게 만들어가야 하는지를 고민해보는 것도 지속 가능한 녹색공간을 위해 꼭 필요한 과정일 것입니다.

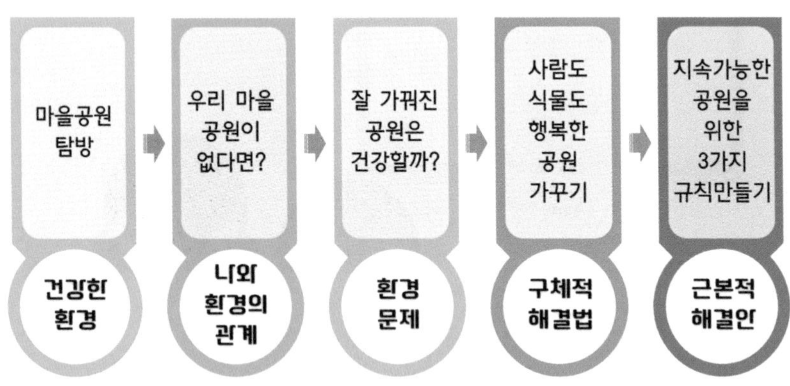

'모두가 행복한 마을공원 만들기' 5차시 프로젝트

우리 마을 근린공원의 식생을 조사해보고, 식재된 나무들이 어떤 환경에서 잘 자라는지, 공원을 유지하기 위해 어떤 관리를 하고 있는지를 탐구해봅니다. 얼마나 다양한 수종이 사는지, 인간이 인위적인 관리를 하지 않아도 잘 자라날 수 있는지도 생각해봅니다. 천적 등을 활용한 친환경 관리 방법을 공원에서 사용하고 있는지 궁금해한다면 아이들은 이미 환경적 관점을 키워온 것이겠지요? 무엇이 건강한 자연환경을 만드는지, 건강한 자연환경과 근린공원, 두 개념은 같은 모습일 수 있을지에 대한 고민을 나눌 수 있다면 이미 지속 가능한 우리 마을, 지속 가능한 도시에 대한 새로운 프로젝트의 출발점이 생겨난 것입니다. 프로젝트 이후에는 사람이 보기 좋게 가꾸는 것과 자연이 건강하게 가꾸는 것의 차이를 알게 됩니다. 겨울철 닭발 가로수의 모습에 문제를 제기하거나 학교 화단에서 효율성만 고려하여 싹둑싹둑 가지치기를 하는 것도 자치회의 논의사항이 될 수 있지요.

영역별 차시가 늘어나면 한 학기 프로젝트가 될 수 있는데, 하나의 주제를 깊이 있게 다루기 위해서는 개관(프로젝트 조망도)를 간단하게 작성해보는 것이 좋습니다. 하나의 프로젝트에 핵심 질문을 설정하고, 자기환경화 강화를 위해 활용할 수 있는 마을 자원과 지역자원을 물색하여 별꼭지생각법에 따른 수업 차시를 구성해보는 것입니다. 수업을 더 의미 있게 진행할 수 있는 환경기념일을 적재적소에 배치할 수 있는 학교행사를 고려해보고, 가정연계 활동 역시 함께 구성해보면 좋습니다. 또한 독서교육 등 학교에서 진행하고 있는 중점사업, 학년 특색활동 등이 있다면 이를 활용하여 진행할 수 있도록 개관을 구성해보는 것도 교육과정을 수월하게 작성하는 데 도움이 됩니다.

<table>
<tr><td colspan="2">프로젝트명</td><td colspan="2">모두가 행복한 마을공원 만들기</td></tr>
<tr><td colspan="2">핵심 질문</td><td colspan="2">• 아름다운 자연과 건강한 자연은 같은 말일까?</td></tr>
<tr><td colspan="2">학교자율시간<br>성취기준</td><td colspan="2">• [2학교환경 01-01] 다양한 생명이 함께 어우러진 아름다운 공원은 어떤 모습인지 다양하게 표현한다.<br>• [2학교환경 01-02] 공원의 건강성을 지키기 위한 관리 방법을 조사하고 설명한다.</td></tr>
<tr><td colspan="2">자기환경화 전략<br>(지역자원)</td><td colspan="2">• 학교 화단, 학교 숲, 마을 근린공원</td></tr>
<tr><td rowspan="5">별꼭지<br>생각법</td><td>건강한 환경</td><td>• 마을 근린공원 들여다보기<br>- 우리 주변의 녹색공간 찾아보기</td><td>4월 1주<br>(2차시)</td></tr>
<tr><td>나와 환경의<br>관계</td><td>• 공원의 가치로움을 숫자로 나타낼 수 있다면?<br>- 공원이 우리에게 제공하는 생태계서비스를 조사하기</td><td>4월 2~3주<br>(4차시)</td></tr>
<tr><td>환경<br>문제</td><td>• 우리 마을공원, 안녕하십니까?<br>- 아름다운 자연의 모습 vs 건강한 자연의 모습 표현하기<br>• 마을의 공원은 어떻게 관리되고 있을까?<br>- 예초작업의 시기와 방법은 누가 정하는지 알아보기<br>- 친환경 공원관리법 조사하기</td><td>4월 4주<br>-5월 2주<br>(4차시)</td></tr>
<tr><td>구체적<br>해결법</td><td>• 마을 공원을 위한 3가지 행동 정하기<br>- 나는? 이웃은? 대상에 따른 3가지 행동 원칙 생각하기<br>• 마을 공원을 가꾸는 활동 함께하기</td><td>5월 3주<br>(2차시)<br>6월~7월</td></tr>
<tr><td>근본적<br>예방안</td><td>• 지속 가능한 마을공원을 위한 아이디어 모으기<br>- 무엇이 자연을 건강하고 지속가능하게 할까?<br>- 식물이 행복하다는 것은 어떤 모습일까?</td><td>5월 4주<br>(2차시)</td></tr>
<tr><td colspan="2">지속 가능한 실천을 위한<br>가정연계활동</td><td>• 마을 공원에서 우리 가족만의 반려나무 정해 돌보기</td><td>식목일<br>이후 지속</td></tr>
<tr><td colspan="2">환경기념일<br>계기 교육</td><td colspan="2">• 3월 21일 국제 숲의 날 - 숲의 중요성 알아보기<br>• 5월 12일 세계 식물건강의 날 - 왜 식물건강의 날을 지정하게 되었을까?</td></tr>
<tr><td colspan="2">연계 도서</td><td colspan="2">• 우리 동네 나무들, 식물이 좋아지는 식물책, 숨 쉬는 도시 꾸리찌바 등</td></tr>
</table>

'모두가 행복한 마을공원 만들기' 한 학기 프로젝트

교육과정 편성·운영 시 기존의 교과 활동을 재편성하는 것과 함께 학교생활 전반의 다양한 부분에서 통합적인 관점과 방법으로 서술된 새로운 환경교육의 내용을 추가하여 학습자가 주체적으로 지속 가능한 삶에 참여할 수 있는 능력을 길러주는 환경적 기초를 위한 교육을 만들 수 있습니다. 특히, 전인성장을 위한 기초교육이라는 특징을 지닌 초등교육의 특성상 초등 환경교육 역시 환경적 관점을 가지고 세상을 볼 수 있도록 하는 내재적 가치를 중심으로 환경적 관점의 기초를 배양하는 것을 항상 목적으로 하는 교육과정적 접근을 시도하는 것은 매우 중요한 일입니다.

만약 단위학교에서 환경교육 중심 학교 교육과정을 개발할 경우, 한 학교를 1학년부터 6학년까지 다녔다면 적어도 체계적인 환경교육을 받았다고 이야기할 수 있는 교육과정을 만들 수 있습니다. 우리 학교를 졸업하면, 적어도 우리 마을에서 지속 가능한 삶을 살 수 있는 기초 과정을 수료했음을 뜻합니다. 이는 곧 내가 다니는 학교에서 내가 사는 마을을 환경적 관점으로 볼 수 있고, 가족과 함께 지속 가능한 삶의 살아갈 수 있는 역량을 지니고 있으며, 지속 가능한 사회의 시스템을 지지할 수 있는 미래 시민으로 성장하기 위한 태도를 획득했다는 것과 같은 의미입니다.

환경교육을 중심으로 학교 교육과정을 재구성할 때의 기본 방향[*]은

---

* 심정은(2009). 학교 수준 교육과정을 통한 초등 환경교육의 체계화 방안. - 환경교육을 위한 환경학 관점에서 -. 한국교원대학교 대학원 석사학위논문.

다음과 같습니다.

**환경교육을 중심으로 한 학교 교육과정 재구성의 기본 방향**

가) 환경교육의 환경학의 관점에서 새로운 교과교육의 방향에 부합하는 통합적인 내용을 추구함으로써 학습자가 환경적 관점으로 세상을 볼 수 있도록 하고, 학습자 중심의 구성주의적 의미를 추구하면서도 교육과정 개발 시 교사가 적극적으로 창의적인 교육활동을 전개할 수 있도록 기반을 마련한다.

나) 총체적인 환경문제를 다양한 측면의 통합적인 관점에서 바라볼 수 있도록 분산적인 초등 환경교육의 내용을 교육과정 수준에서 5개 영역 안에 통합적으로 재구성하도록 하며, 5개 영역이 편중되거나 누락됨 없이 고르게 학습할 수 있도록 적극적인 교육내용의 재구성을 시도한다.

다) 각 교과 내 환경교육 내용을 보다 환경적 관점으로 다룰 수 있도록 교육과정 내 초등 환경교육의 새로운 교육내용을 창출하도록 하고, 이때 학습자에게 보다 의미 있는 내용을 선정·조직하여 재구성한다.

라) 각 교과에 부족한 환경적 관점을 접목한 내용과 질문에 대해 중요한 것·이해를 위한 접근법·탐구하기 위한 구체적인 방법을 학습자에 따라 달라질 수 있도록 재구성한다.

마) 학교 교육과정 구성 체제의 다양한 변화를 모색하면서도 기본적으로는 환경교육이 각 교과 활동에서 가능한 만큼 구현될 수 있도록 하며, 교과 활동 이외의 다양한 부분에서 5개 영역으로 통합된 환경교육 내용이 횡교육과정적

접근을 통해 폭넓게 다뤄질 수 있도록 재구성한다.

바) 기존 교육과정에서는 다뤄지지 않는, 교육공동체가 필요로 하고 요구하는 지속 가능한 삶의 역량을 기를 수 있는 경험을 충분히 선정하여 비슷한 내용이 중복되거나 어느 한 영역이 강조됨 없이 대상의 특성에 부합하도록 학년별로 체계적인 구성을 시도한다.

이러한 기본 방향을 바탕으로 다음과 같은 절차에 따라 학교 교육과정을 개발할 수 있습니다.

| 상황분석 | **국가 수준의 교육과정 분석 및 각종 실태 조사·분석·시사점 추출** | | |
|---|---|---|---|
| | 학습자 실태 | 지역 실태 | 학교 실태 |
| | 환경에 대한 흥미·관심<br>환경친화적 생활 태도<br>학습 수준 | 환경적인 지역 특색<br>활용 가능한 지역 시설<br>지역 내 환경문제와 노력 | 교사의 환경교육 역량<br>학교 중장기계획<br>활용 가능한 학교 공간 |

↓

| 목적설정 | **학교 교육과정의 환경교육 편성·운영 방향과 학교 교육목표 및 중점과제 설정** | | |
|---|---|---|---|
| | 인지적 | 정의적 | 심체적 |
| | 환경적 기초·관점 중심<br>5개 영역별 내용 고려 | 학교생활 전반 | 생활습관으로 정착<br>가정·지역사회와 연계 |

↓

| 프로그램 구성 | **학교 프로그램·학년 프로그램·학급 프로그램 구성** | | |
|---|---|---|---|
| | 영역 통합적 구성 | 교과별 구성 | 학년별 구성 |
| | 영역별 관계를 통합적으로 고려<br>학년별 중점 영역 설정<br>학교행사 및 학급 활동 중심 | 교과별 환경교육 접근 방향 설정<br>교과 내 환경교육 추출<br>교과활동으로 재구성 | 구체적 → 추상적<br>개인적 → 사회적<br>생활 주변 → 지역 → 국가<br>정의적 → 심체적 → 인지적 |

↓

| 해석과 실행 | **운영** | | |
|---|---|---|---|
| | 학교 교육과정 | 학년 교육과정 | 교사교육과정 |
| | 학교행사와 연계 운영<br>학년별 연계 활동 | 학년 중점과제 및<br>체험학습 중심의 운영 | 학급 특색활동과 학급경영<br>중심의 통합 |

↓

| 평가피드백* | **다양한 평가 계획 수립** | | |
|---|---|---|---|
| | 학교 교육과정 | 학년 교육과정 | 교사교육과정 |
| | 편성·운영의 자체 평가<br>교육과정 개발과정 평가 | 교사 동료평가<br>학년 프로그램 평가 | 자기평가, 동료평가<br>교사별 평가 |

환경교육 중심의 학교 교육과정 개발 모형과 방법

(출처) 심정은(2009). 학교 수준 교육과정을 통한 초등 환경교육의 체계화 방안. - 환경교육을 위한 환경학 관점에서 -. 한국교원대학교 대학원 석사학위논문.

기본적으로 일반적인 학교 교육과정 개발의 절차와 비슷하나, 목적 설정에서 환경적 관점을 기르기 위한 전략이 세워져야 합니다. 내용구성에서는 환경교육을 위한 환경학의 5개 영역이 고려되어야 하고, 환경감수성과 지속 가능한 삶의 기초역량을 기르기 위해서는 학교생활 전반에서 지속적인 활동이 있어야 하며, 이를 내면화하기 위한 가정연계 활동이 반드시 포함되어야 합니다.

5가지 영역으로 학년마다 중점 목표와 내용 요소를 고르게 분포시켜 환경교육의 내용을 중복으로 없이 체계적으로 구성할 수도 있습니다.

* Skilbeck(1984)의 원문에서는 '조정, 피드백, 평가, 재구성'으로 명시되어 있음.

| 함께 환경을 배우며 꿈을 키우는 행복교육 | | | | | | | | | |
|---|---|---|---|---|---|---|---|---|---|
| 목표 영역 / 내용 영역 | 인지적 | | | 정의적 | | | 심체적 | | |
| | 저학년 | 중학년 | 고학년 | 저학년 | 중학년 | 고학년 | 저학년 | 중학년 | 고학년 |
| **건강한 환경** | 생물 토양 환경 이해 | 물환경에 대한 이해 | 대기환경 에너지에 대한 이해 | 동식물을 사랑하는 마음갖기 | 물을 소중히 다루는 마음갖기 | 에너지를 아끼려는 마음갖기 | 학교 식물 가꾸기 | 학교 수질 측정하기 | 간이 친환경 에너지판 만들기 |
| **나와 환경의 관계** | 환경 변화에 따른 생활의 변화 | 환경을 이용하며 살아가는 우리 | 환경과 인간의 관계 모색 | 환경의 고마움과 가치 느끼기 | 잘못된 인간 활동에 대한 반성 | 환경과 나를 하나로 생각하기 | 환경에 적응하는 생활습관 기르기 | 환경을 바르게 활용하는 습관갖기 | 친환경적 생활습관 확립하기 |
| **환경 문제** | 우리 집 환경문제 | 우리 지역 환경 문제 | 지구적 환경 문제 | 우리 집 환경 문제 심각성 느끼기 | 우리 지역 환경 문제 심각성 느끼기 | 지구적 환경 문제 심각성 느끼기 | 우리 집 환경 문제 찾기 | 우리 지역 환경 문제 자료 수집 해석 | 지구적 환경 문제 자료 수집 해석 |
| **구체적 해결법** | 내가 할 수 있는 일 알기 | 지역 공동체와 함께할 수 있는 일 알기 | 세계와 할 수 있는 일 이해하기 | 내가 할 수 있는 일에 대한 자부심 갖기 | 작은 행동의 가치 느끼기 | 공동체 협력의 필요성 느끼기 | 우리 집 환경문제 해결하기 | 지역 환경문제 해결을 위한 노력하기 | 환경문제 해결을 위한 생활 발명품 만들기 |
| **근본적 예방안** | 환경문제 예방의 중요성 알기 | 다양한 예방적 방법 알기 | 지속가능 미래를 위한 시스템 이해하기 | 환경을 사랑하는 마음 갖기 | 친환경적 태도 지니기 | 친환경적 판단을 위한 가치관 확립하기 | 친환경 1인 1역 활동하기 | 지속가능 지역 사회를 위한 의사결정 하기 | 지속가능 미래를 위한 시스템 만들기 |

환경교육 중심 학교 교육과정 학년별 목표

환경교육 중심 학교 교육과정의 개발이 어렵다면 학교자율시간의 한 꼭지로서 환경교육을 가져와 마을 연계 환경교육으로 구성할 수도 있습니다. 우리 학교 주변에는 어떤 환경문제들이 있는지, 우리 마을에는 어떤 이슈들이 있는지를 살펴보고, 학교 중점사업이나 자율과제 등 이미 작성된 학교 교육과정과 연계하여 재구성한다면 학교 공동체가 진짜 실천할 수 있는 우리 학교만의 환경 중심 학교자율시간을 개발할 수 있게 되는 것이지요.

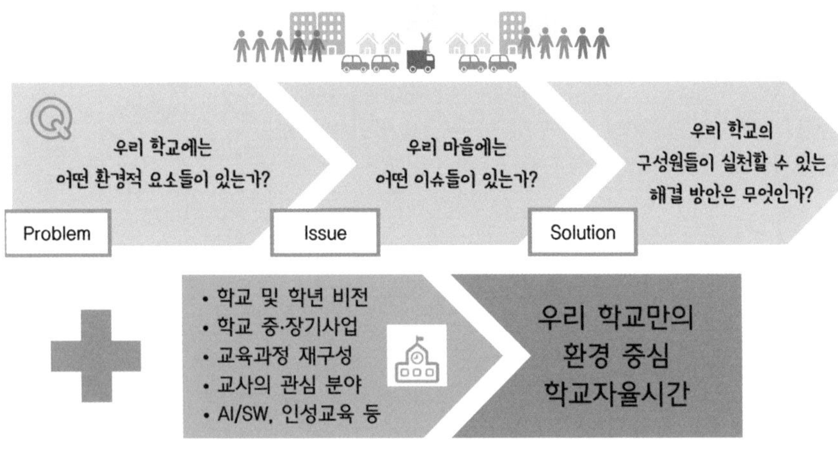


마을 연계 학교자율시간은 이렇게 개발할 수 있어요

환경교육의 체계적인 교육과정적 접근, 이제 조금 감이 잡히셨나요?

학교자율시간은 학교와 교사에게 급변하는 시대의 변화에 적극적으로 대응할 수 있도록 교육과정의 여백을 마련해주었습니다. 이제 교육과정 전문가인 교사가 그 여백을 지속가능성의 가치에 자신만의 색에 더해 꾸며갈 차례입니다. 우리의 지속 가능한 미래는 그렇게 시작될 것입니다.

## 수업 기획: 5가지 영역으로 환경 프로젝트 만들기

선생님께서 경험해보시거나 진행하고 싶은 환경 관련 활동을 환경적 관점을 길러주는 환경교육으로 구성해보세요.

프로젝트의 예1: 텃밭 가꾸기 활동을 진행해야 한다면

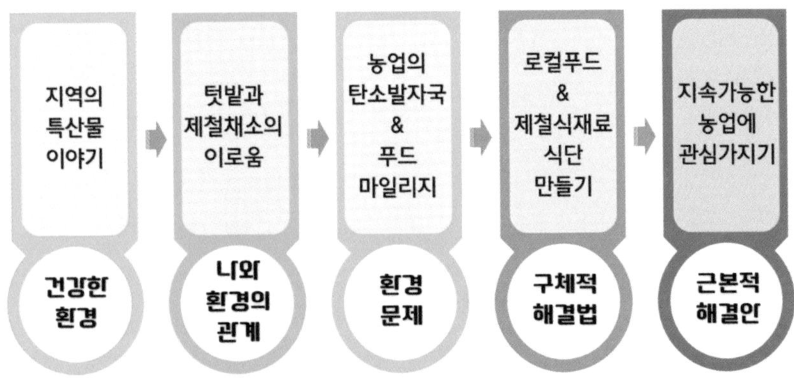


* 텃밭 활동을 해야 한다면 지역의 특산물 가꾸기에 도전해보세요.
* 대표적인 지역특산물은 각 지역의 대표적인 자연환경에서 잘 자라온 생명입니다. 지역특산물로 내가 사는 자연환경의 특징을 이해하고 지역의 기후변화를 관찰할 수 있도록 해주세요.
* 육식은 채식보다 더 많은 탄소를 발생시키지만, 일반적인 농업 역시 친환경이라고 말하기 어려운 1차 산업입니다. 먹거리의 모든 과정에 관심을 가지게 도와야 합니다.

프로젝트의 예2: 습지 탐사(본 활동) 외부 강사 초청 활동

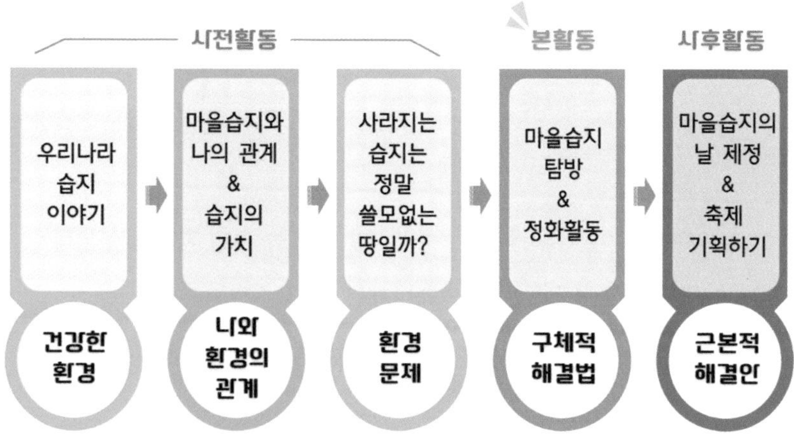


* 외부 강사 초청 수업으로 다양한 체험활동을 할 수 있지만, 단기간의 활동을 지속적인 교육과정으로 만드는 건 교사의 전문성입니다. 일회성 외부 초청 수업으로 풍성한 환경교육과정을 만들어보세요.

프로젝트명:

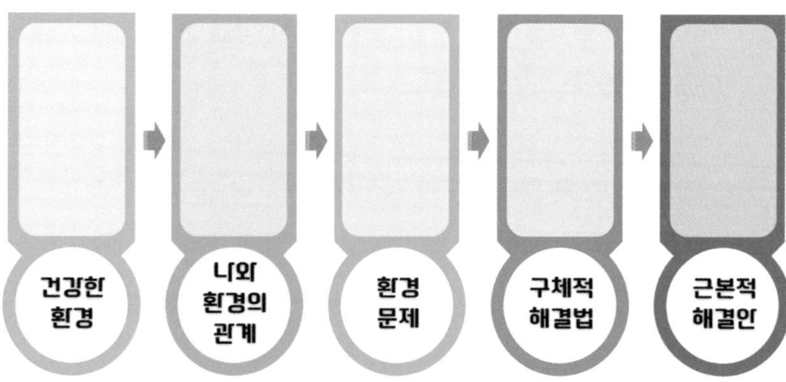

 프로젝트 구성은 다음과 같은 순서로 진행하세요.

1. 그동안 도전해보고 싶었던 환경수업 활동이나 진행하는 외부 초청 수업 한 가지를 골라 5가지 영역 중 알맞은 영역에 써넣으세요.
2. 선정한 환경수업 활동을 중심으로 각 영역에 관련 주제단어를 쓰세요.
3. 주제단어를 효과적으로 이야기할 수 있는 수업 방법을 선정하고, 프로젝트의 흐름을 구상해보세요.
4. 주제단어와 수업 방법이 잘 드러나는 활동명을 정하고 간단한 학습지를 만들어보세요.

환경적 관점을 기르기 위한 탐구 질문을 만들어보세요.

자기환경화 강화를 위한 수업 상황(학교와 마을 소재+지역 연계)을 더해보세요.

3장

# 나로부터 시작하여 세계와 함께하는 환경수업

# 3장. 나로부터 시작하여 세계와 함께하는 환경수업

: 관계와 공간의 확장, 시작은 나와 나의 일상에서 해야 한다

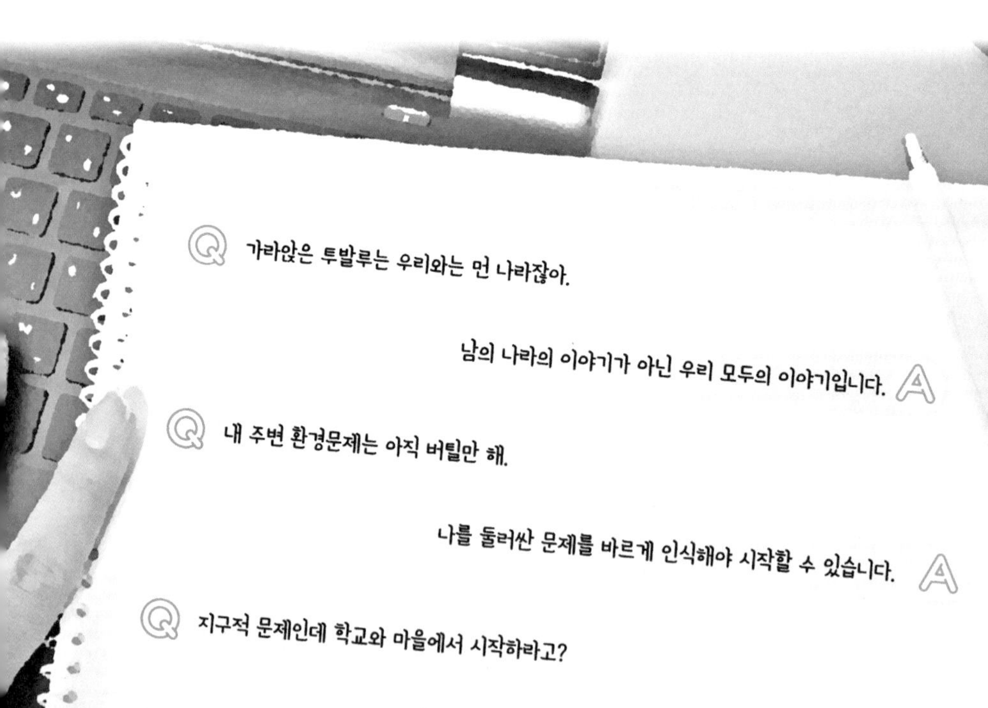

기후 위기 시대, 탄소중립 실천 생활을 넘어 지속 가능한 삶을 살아가기 위해 우리 아이들에게 무엇을 이야기해야 할까요? 저 먼 북극곰 이야기가, 지도에서도 한참을 찾아야 보이는 남태평양 투발루의 이야기가 아이들의 변화를 이끌 수 있을까요?

왜 앎은 행동으로 이어지지 않을까?

지구온난화로 인한 서식지 상실의 상징처럼 이야기되는 북극곰의 어려움은 어제오늘의 일이 아닙니다. 북극곰처럼 삶의 터전을 잃어버린 사람들의 대표적인 이야기로 거론되는 투발루의 사람들은 이제 환경 정의의 상징이 되었습니다. 생존에 위협을 느끼는 기후 난민의 아픔을 공감할 수는 있지만, 막상 내게 닥쳐온 일상의 불편함은 참아내기 힘듭니다. 전등을 끄기엔 실내가 답답해 보이고, 계단을 이용하기엔 짐도 무겁고 다리도 아픕니다.

환경교육에서는 오래된 고민거리가 있습니다. 환경교육을 통해 길러진 환경 지식과 환경감수성만큼 기대했던 환경행동이 실천으로 이어지지 않는다는 것이었습니다. 도덕교육의 딜레마와 비슷한 환경교육의 고민, 왜 아는데 행동하지 않을까요?

환경교육에서는 아는 것을 행동으로 옮기게 하는 데 필요한 중요한 연결고리를 '자기환경화'에서 찾습니다. 1장에서 살펴본 바와 같이 자기환경화란, '나와 관련이 없다고 생각되는 주변의 환경을 나의 것으로 받아들여 적극적인 행동을 하게 하는 것'이라고 이야기하였습니다. 자기환경화는 전 지구적인 환경문제를 지역적으로 이야기해야 하는 이유이며, 우리가 마을 안에서, 마을에 대한, 마을을 위한 환경교육을 해야 하는 이유입니다.

## 글로컬, 전 지구적으로 생각하고 지역적으로 행동하라!

지속 가능한 삶을 주체적으로 살아가기 위한 교육 만들기는 우리 아이들의 삶과 바로 연계된 이야기, 마을 연계 환경교육에 해답이 있습니다. 일, 놀이, 삶이 순환하는 교육을 만들기 위해 실제 세계의 현상, 사건, 문제를 탐구하면서 지속가능성의 핵심 주제들을 교과 지식과 융합적으로 접근하는 새로운 교육 패러다임으로 교육과정을 만들어야 하기 때문입니다.

아이들에게 실제의 범위는 어디까지일까요? 아이들에게 실제 현상, 경험이 일어나는 공간은 내가 다니는 학교가 있고 내가 사는 집이 있는 '우리 마을'입니다. 여기에서 주의할 점은 어린 학습자일수록 마을의 범위가 어른들이 생각하는 마을의 개념보다 훨씬 좁을 수 있다는 것입니다. 어린 학습자에게 마을은 일상생활을 영위하는 최대의 공간적 단위이자, 모든 삶이 이루어지는 터전입니다.

마을 안에서 일어나는 현상들은 아이들의 일상과 매우 밀접한 관계를 가지고 있지요. 내가 사는 집, 내가 다니는 학교, 등굣길에 지나치는 근린공원, 작은 하천과 길가의 가로수, 우리 형이 이용하는 버스정류장의 쓰레기통, 매주 넘쳐나는 우리 아파트 분리배출장 등 마을 곳곳에는 아이들의 삶과 연결된 얘깃거리가 많습니다.

그렇기에 마을은 환경교육에서 말하는 자기환경화, 나와 별로 관계가 없다고 느끼는 주변을 나의 것으로 인식하여 적극적으로 반응하게 하는데 필수적인 요소가 가득 담긴 공간이라고 할 수 있습니다. 비가 올 때마다 넘쳐나는 우리 학교 앞 도로, 매일 산책하는 마을 수변길에서 점점 보기 어려워지는 동식물, 우리 마을 습지 어딘가를 찾아오는 멸종위기종 등 보면 볼수록 기후 위기를 내 삶의 문제로 이해하고 지속 가능한 삶을 살아가도록 연습할 수 있는 교육적 소재가 다양합니다. 따라서 마을과 연계한 환경교육은 지속 불가능한 지구적 문제를 나의 문제로 인식하여 민감하게 반응하고, 실천하게 하는 데 매우 중요합니다.

마을의 중요성은 학습자의 주도성과도 연결됩니다. 주도성이 발현되기 위해서는 주제가 학습자의 삶에 얼마나 밀접한 관계를 맺고 있는가가 중요하기 때문입니다. 즉, 학습자에게 마을은 오랜 시간을 거쳐 이미 어느 수준 이상의 자기환경화가 이루어진 곳이기 때문에 주도성을 발휘할 가능성이 높아진다고 이야기할 수 있습니다. '우리 마을 = 내가 사는 곳'을 강조하여 지속가능성에 대한 문제 인식부터 해결 방안 모색과 실천까지 '나'와 긴밀하게 연결시킬 수 있는 것입니다.

마을은 지속적인 환경교육이 가능한 공간이라는 점에서도 의미가 큽니다. 마을은 아이들 삶의 루틴이 이루어지는 곳이기 때문에 반복적 경험을 통한 학습이 가능하며, 이를 통한 앎의 체화 또한 가능한 공간을 제공할 수 있습니다. 마을에 대한, 마을 속에서의, 마을을 위한 환경교육을 통해 학습자는 마을공동체의 일원으로서 참여와 연대의 중요성을 직접 체험할 수 있게 되는 것입니다.

마을은 학교를 중심으로 하나의 공동체를 이루는 공간이기도 합니다. 우리 마을의 아이들이 다니는 학교이기 때문입니다. 따라서 학교를 중심으로 한 마을공동체는 마을에서도 주도적으로 지속 가능한 삶을 위한 토대를 마련할 수 있습니다. 또한 마을공동체는 이러한 학교의 지속 가능한 가치를 보다 넓은 지역사회로 확장할 수도 있습니다. 지속 가능한 우리 마을을 만들기 위한 다양한 활동이 지속 가능한 교육의 전환을 이끌며, 나아가 지속 가능한 삶의 전환을 일어나게 하는 것입니다.

*지속 가능한 우리 마을이 지속 가능한 미래를 만든다!*

따라서 마을 연계 환경교육은 환경적 관점으로 바라볼 수 있는 나를 둘러싼 주변 공간을 확장하고, 지속 가능한 미래를 만들어가기 위한 신념 체제를 강화하여 평생 스스로 실천할 수 있는 원동력을 제공합니다. 마을 연계 환경교육, 어른이 된 우리 아이들은 마을 너머 어디까지 닿게 될까요? 그곳이 꼭 전 지구적이지 않더라도 제 삶을 둘러싼 모든 곳이길 기대해봅니다.

## 1. 학교 화단에서 스스로 시작하기

**수업으로 살펴보기** 아기 새 발을 만드는 건 스스로 해야 할 일

2학년 아이들이 스스로 생명 존중의 가치를 깨닫게 하는 비법이 있습니다. 그 시작은 '장면을 떠올리며 시를 읽기' 시간입니다.

풀밭을 걸을 땐 발끝과 발뒤꿈치로 걸어도 밟히는 풀꽃에게 미안한 글쓴이가 제 발이 아기 새 발이면 참 좋겠다며, 풀꽃을 밟고 싶지 않은 마음을 예쁘게도 표현했습니다. 다 읽고 나면 다양한 꽃 사진을 보여 줍니다.

"이 꽃 친구의 이름은 뭘까요?"

"개나리요!"

봄꽃에 대해 이야기하는 것은 어렵지 않습니다. 선생님이 보여주는 사진에는 어디선가 보았던 꽃들이 피어있으니까요. 개나리, 진달래, 벚꽃 등 봄을 대표하는 꽃들에 아이들은 신이 났습니다. 모두 친숙한 꽃이기 때문입니다. 봄꽃 이야기를 나누고 다시 한 번 '풀밭을 걸을 땐'이란 시를 읽습니다.

"혹시 우리 친구들, 맨발로 풀밭을 걸어본 경험이 있을까요?"

시 속 글쓴이처럼 풀밭을 걸어본 경험, 선생님이 한술 더 떠 던진 맨발로 걸어본 경험이 있냐는 질문에 서로 눈치 보기 바쁩니다. 맨발로 흙을 밟다니! 생각만 해도 어른에게 혼날 일입니다. 안전을 우선으로 야외활동을 하는 요즘 분위기에 그런 경험이 있는 친구는 찾아보기 어렵습니다.

"그럼 이렇게 풀밭을 걸을 때 풀꽃을 안 밟으려면 어떤 발을 가지고 있으면 좋을까요?"

선생님은 아이들의 상상력을 자극하는 질문을 던집니다. 그러면 아이들은 저마다의 아기 새 발을 재잘거립니다. 공기처럼 가벼운 발, 물방울발, 이쑤시개 발 등 작은 풀꽃을 밟지 않으려는 아이디어를 듣고 있으려니 선생님은 저도 모르게 흐뭇합니다.

자, 이제 교과서에서는 교실을 시 속 글쓴이처럼 걸어보자고 합니다. 교실에서 사뿐사뿐 걷는 것은 선생님도 재미없으니 바깥으로 나갑니다. 풀밭을 맨발로 걸어본 경험이 있냐고 물어보기도 미안했던 선생님은 아쉬운 대로 교정으로 아이들을 이끌었습니다. 마침 교정에 노란 산수유가 봉긋 터져 나와 이미 햇살이 길게 머무는 곳에는 작은 들풀들이 꽃을 피울 만발의 준비를 마쳤습니다.

수업 시간에 처음 바깥으로 나온 아이들은 신이 났습니다. 선생님의 안내에 따라 생애 처음 눈에 잘 띄지 않는 회양목의 연둣빛 꽃을 관찰해봅니다. 시 속 화자처럼 발밑의 작은 생명을 밟지 않게 조심조심하는 친구도 몇몇 있습니다. 하지만 대부분은 나오기 전 선생님의 당부나 본인들이 열변을 토했던 공기발, 물방울발은 머릿속에서 날아가 버린 지 오랩니다. 선생님은 보이는 대로 조심해달라는 당부를 하지만 활짝 피어보기 전 이미 뭉개진 꽃망울에게는 미안한 마음뿐입니다.

사실 선생님은 이미 모든 상황을 예상했습니다. 늘상 비슷하게 이어지는 상황에 사전 준비를 단단히 하지만, 첫 야외수업의 모습은 늘 비슷했기 때문입니다. 예전엔 '다음에 또 그러면 야외수업은 없다'라는 폭풍 잔소리를 쏟아내었지만, 지금은 그저 '다음부터는 조금 더 조심해라' 정도로 마무리합니다. 다음은 조금 다를 것이라는 걸, 선생님은 경험으로 알기 때문입니다.

아이들이 신나게 뛰어다니고자 하는 욕구를 누르고 스스로 발밑을 조심하게 만드는 것은 선생님의 잔소리가 아닙니다. 작은 생명도 소중히 여겨야 한다는 위대한 메시지도 아닙니다. 아이들을 변하게 하는 것은 제 일상에서 스스로 발견하고 이름을 알게 되는 작은 꽃 친구들입니다.

첫 야외수업 후, 선생님은 아이들에게 동영상을 보여줍니다. 학교 교정, 아이들의 등하굣길, 아파트 안팎 등 직접 찍어온 동영상에는 아이들의 삶이 담겨 있습니다. 장난치다 엄마에게 혼났던 놀이터, 친구랑 간식을 사 먹었던 가게 앞, 우산을 들고 학원 차를 기다렸던 곳, 매일 달려 다니는 길, 자전거 타다다 넘어졌던 턱, 다양한 에피소드들이 쏟아집니다.

아이들이 익숙한 그곳을 클로즈업하면 앙증맞은 꽃이 피어있습니다. 하얀 냉이, 노란 꽃다지, 하트 잎이 사랑스러운 괭이밥, 돌돌 말린 꽃마리, 이름만 들어도 웃긴 개불알풀, 나팔을 닮은 들현호색, 보라색만 있는 줄 알았던 흰제비꽃 등 개나리, 벚꽃같이 비교적 눈에 잘 띄는 봄꽃뿐만 아니라 아이들의 새끼손톱 반의반의 반도 되지 않는 작은 봄꽃들이 그제야 제 아름다움을 뽐냅니다.

미션이 내려졌습니다. 등하굣길에 보이는 꽃 발견하기 미션입니다. 선생님은 초딩 특유의 경쟁심에 불을 붙일 스티커판을 준비해놓습니다. 스티커판에는 계절마다 아이들 곁에서 꽃을 피울 꽃들이 사진과 함께 소개되어 있습니다. 꽃을 발견할 때마다 자랑스럽게 스티커를 붙이는 아이들이 늘어날수록, 운동장 수돗가 밑에 있는 흰민들레를 봤다는 아이들이 늘어날수록, 아이들은 교실 책장에 있던 학급문고에 꽤 많은 식물도감이 있음을 알게 됩니다. 인기가 많아진 학급 도감이 동이 나면 아이들은 학교 도서관으로 달려갑니다. 그러면 선생님은 부모님들께 '이런저런 이유로 아이들에게 개인별 식물도감이 준비되면 좋습니다'라는 문구를 내보냅니다. 학교에 있는 내내 도감을 보기도 하고 쉬는 시간 선생님에게 등하굣길에 발견한 꽃 이야기를 전하는 아이들이 생겨납니다.

그쯤 되면 봄 통합교과 수업 활동, 야외수업이 계속될수록 첫 수업처럼 마구잡이로 뛰어다니는 친구를 찾아보기는 어렵습니다. 꽃을 꺾는 행동은 상상 불가합니다. 그랬다가는 친구들이 난리가 나니까요.

"야, 그걸 꺾으면 어떻게 해?"

"선생님, 얘 꽃 밟았어요!"

아이들은 저도 모르게 작은 생명에게 감정을 이입하며 꽃 친구들을 배려하는 모습을 보입니다.

"선생님, 냉이 꺾으면 안 돼요!"

지난주까지는 꽃이 피었던 냉이의 주걱 모양 같은 씨주머니를 잘라 보여주는 선생님에게도 한소리를 합니다. 그러면서 냉이의 씨주머니 관찰은 포기할 수 없는지 기웃거리는 모습이 귀엽습니다.

"씨앗이 영글면 오히려 그 씨앗을 멀리 뿌려주는 것도 좋아. 꽃이 씨앗 아가를 위해 마지막으로 하는 일이거든요."

선생님은 부러 아이들의 성화에 못 이긴 척 땅에 씨를 뿌려줍니다. 아이들은 그제야 고개를 끄덕거리며 씨주머니 관찰에 열을 올립니다.

봄이 무르익어 민들레 머리가 여기저기 하얗게 되면 아이들은 더 신이 납니다. 선생님이 그때쯤은 꺾어 날려도 괜찮다고 공식적으로 인정해준 데다가 자신이 민들레를 위해 해줄 수 있는 환경지킴이 활동도 할 수 있기 때문입니다.

하얀 머리가 된 민들레를 후~하고 부는 방향은 보도블록 쪽이 아니라 흙이 있는 화단입니다. 우리 마을이 드넓은 평야가 펼쳐졌던 논밭에서 아파트가 가득한 신도시가 될 동안 씨앗을 날릴 맨땅을 찾기가 어려워졌다는 민들레 엄마의 고민을 함께 나누었기 때문이지요. 어디든 바람 따라 씨앗이 날아가 아기 민들레가 꽃을 피울 수 있었던 옛날과는 다르게 아스팔트와 보도블록이 가득한 우리 마을. 그런 우리 마을에서도 아기 민들레가 다음 해에 피어날 수 있도록 맨땅이 있는 곳으로 민들레 씨앗을 날려주는 것입니다. 내년에 꼭 다시 만나자는 약속과 함께. 씨앗을 날리는 재미가 덤인지 씨앗을 도울 수 있는 뿌듯함이 덤인지 아이들마다 다르겠지만 적어도 생명이 살아가기 위해 우리가 배려할 부분이 있다는 것을 아는 행동입니다.

이쯤 되면 교실에는 아이들의 반려식물인 개운죽이 자라고 있고, 아이들의 집 주변에는 가족이 직접 심었든 이미 심어졌든 가족과 함께 애칭을 붙여 돌봐주는 꽃과 나무가 있습니다. 그때부터 선생님은 더 이상 심각한 환경문제를 이야기하지 않습니다. 아이들이 관심을 가지게 된 모든 생명과 함께 행복하게 살아가는 이야기를 나누고 방법을 찾아보게 합니다.

아이들은 조금씩 제 주변에 도움이 필요한 작은 생명들이 있지는 않은지 살펴보려고 노력하고, 선생님이 들려주는 마을의 크고 작은 환경 이야기에 관심을 두며, 그것을 친구들 또는 가족들과 공유하는 활동에 익숙해집니다. 비로소 가을쯤 우리 마을의 변화를 제법 환경적 관점으로 살펴볼 수 있는 준비를 마쳤습니다.

이 모든 것은 아이들이 제 주변에서 발견한 작은 꽃 덕입니다. 학교 화단의 작은 꽃들이 아이들을 가르친 것입니다. 내가 다니는 학교, 매일 오가는 등하굣길, 내 가족이 사는 집 근처, 매일 노는 놀이터. 매일 오가며 만나는 주변의 작은 꽃들을 통해 스스로 생명의 소중함을 깨달은 아이들, 그 행복이 이제는 마을로 번져가고, 언젠가 지구 전체를 뒤덮으며 지구 온도를 식혀갈 수 있습니다. 그날은 멀지 않아 보입니다.

### - 배움의 주체가 되어 앎을 행하기 -

2011년, 네덜란드의 한 소년은 가족과 지중해로 여행을 갔다가 해양 쓰레기의 심각성을 느꼈습니다. 소년은 바다의 플라스틱 쓰레기 문제를 해결하는 방법에 대해 깊이 고민하기 시작했고, 학교 프로젝트 과제의 주제로 이 문제를 다루기로 하였습니다. 과제를 하는 동안 소년은 해양 쓰레기 문제가 생각보다 심각하며, 이를 수거하기 위한 획기적인 방법이 필요하다는 것을 알게 되었습니다. 해결책을 고민하던 소년은 둥둥 떠다니는 플라스틱 쓰레기의 특성을 이용해보기로 합니다. 해류를 따라 모인 쓰레기를 해류를 이용해 쉽게 건져보자는 것이었죠. 당시 세계 전문가들이 현실적으로 불가능하다고 했던 소년의 아이디어는 많은 사람의 지지를 얻어 2013년 비영리단체의 설립으로 이어집니다. 소년은 수많은 시행착오 끝에 아이디어를 현실화하였고, 2040년까지 전 세계 바다 위 플라스틱 쓰레기를 90% 이상 처리하겠다는 목표를 세웠습니다. 이 소년의 이름은 보얀 슬랫. 바로 오션클린업의 창시자입니다.

보얀 슬랫과 같은 청소년 환경운동가들은 자신의 삶에서 어떻게 환경의 가치를 발견하고 그곳에 뛰어들게 되었을까요? 청소년 환경운동가들의 마음을 움직였던 가장 중요한 힘은 바로 스스로 문제를 발견하고 탐구했던 과정, 그 자체라고 생각합니다. 그래서 많은 어려움에도 불구하고 환경문제를 해결해 보고자 한 의지를 잃지 않을 수 있었겠지요.

우리의 환경교육으로 아이들이 자기주도적인 환경 탐구의 시작점을 가지게 될 때, 삶의 역량을 환경과에 적용하면서 환경의 가치를 느끼고 환경적 관점으로 세상을 보며 살아갈 수 있는 잠재력을 확인할 수 있습니다. 그렇다면 자기주도적인 환경 탐구는 무엇으로 시작할 수 있을까요?

내용학으로서 환경교육의 범주는 여러 가지로 나눌 수 있겠지만, 가장 일반적으로 세 가지 구성요소를 이야기할 수 있습니다. 환경에 대한 교육, 환경으로부터의 교육, 환경을 위한 교육이 바로 그것입니다.

환경교육의 3가지 구성요소

환경에 대한 배움

환경으로부터의 배움

환경을 위한 배움

환경에 대한 교육은 학습 활동을 통해 환경에 대한 지식과 정보를 모으는 즉, 인지적인 측면에서의 교육을 중요하게 생각합니다. 환경에 대한 각종 정보를 수집하고 분석하는 조사 활동을 통해 환경 상태를 파악해보도록 하는 과정을 진행합니다.

환경으로부터의 교육에서 환경은 하나의 학습 자원으로 활용됩니다. 환경은 탐구와 발견을 위한 장소로 활용되며 학습 과정을 강화하지요. 또한 실제적인 활동에 필요한 자료를 제공하기도 하고, 그 안에서 직접 경험하고 느끼면서 환경에 대한 이해뿐만 아니라 환경 감수성을 높이고 환경친화적인 태도를 함양하도록 합니다.

마지막으로 환경을 위한 교육은 환경을 위한 폭넓은 관심을 개발하는 것을 강조합니다. 개인의 환경윤리를 이끄는 태도, 이해 수준으로 발달시켜 이상적인 행동을 하고 참여하는 단계까지를 요구하기도 합니다.

실천적이고 통합적인 환경역량은 세 요소가 골고루 어우러져 성장합니다. 그러나 기후 위기 시대에 가장 필요한 것은 단순히 환경역량을 습득하는 것이 아니라 이렇게 획득한 환경역량을 상황에 따라 융통성 있게 적용하며 주체적인 지속 가능한 삶을 살아가게 하는 것입니다. 따라서 단순히 환경역량을 획득하기보다는 획득한 환경역량을 어떻게 실천하게 할 것인가에 관한 문제를 스스로 고민하게 해야 합니다.

답은 이미 앞서 이야기했지요. 자기환경화, 기억나시나요? 주변 환경을 나의 것으로 인식하는 자기환경화, 아는 것을 실천으로 옮기게 하는 힘, 환경행동을 일으키는 가장 중요한 원동력이며, 학습자들의 실제 삶과 환경교육을 의미 있게 연결해주는 중요한 열쇠라는 것을 이야기하였습니다.

지금부터 '나의 반려식물을 위해 장난감 덜 사기에 도전하기'는 나의 주변에 작은 생명을 바라볼 수 있는 환경적 관점을 기르고, 반려식물에 대한 애정 어린 행동을 지속 가능한 삶의 실천으로 확장하는 계기를 마련해주기 위한 프로젝트입니다. '아기 새 발을 만드는 건 스스로 해야 할 일'에서 살펴본 수업을 환경교육을 위한 환경학의 5가지 영역으로 구성한 것이지요. 배움의 주체로서 지속 가능한 삶을 살아갈 수 있는 아이들의 마음이 어떻게 길러지는지를 살펴봅시다.

먼저 우리 동네 공원이나 학교 화단을 둘러봅니다. 자연의 아름다움을 흠뻑 느끼고 감탄합니다. 동네 공원이나 학교 화단에서 시작한 주변 꽃들에 관한 관심은 일상의 영역으로 이어집니다. 아침저녁으로 지나는 등하굣길에서 계속 마주하기 때문입니다. 아이들이 많은 시간을 보내는 교실에서의 반려식물은 그 애착을 최대화할 수 있습니다. 쉬는 시간이 되면 아이들은 반려식물에게 말을 걸기도 하고, 페트병의 물을 갈아주며 직접적인 접촉을 자주 하게 됩니다. 반려식물에게 관심이 많은 친구를 계속 칭찬하는 선생님 때문일까요? 처음에는 떨떠름하던 친구들도 조금씩 적극적으로 동참하게 됩니다.

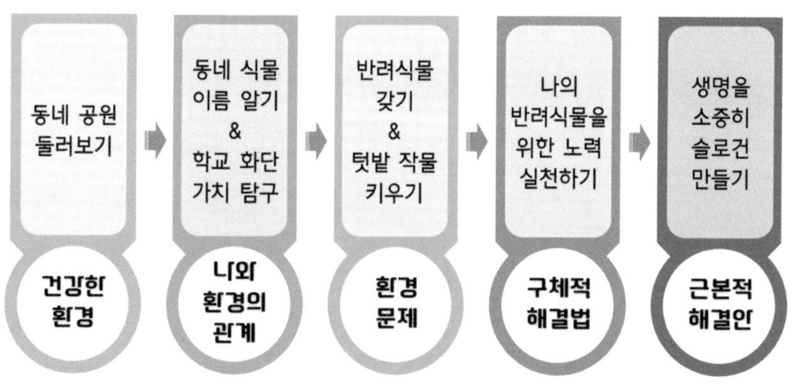


나의 반려식물을 위해 장난감 덜 사기에 도전하기

아이들은 선생님이 던져준 다양한 단어를 가지고 이야기를 나눈 끝에 나의 반려식물, 반려식물의 친구인 학교 화단의 식물, 그리고 우리 가족에게 산책의 즐거움을 주는 마을 식물을 위해 불필요한 소비를 줄여보기로 하였습니다. 선생님이 보여준 단어들을 연결 짓다 보니 우리가 필요한 물건을 생산하기 위해 많은 에너지가 쓰여야 하고, 쓰레기도 많아진다는 사실을 알게 되었기 때문입니다. 하지만 학생으로서 온전하게 소비의 주체가 되기는 어려운 일이었지요. 그래서 아이들은 우리에게 가장 많은 결정권이 있는 장난감을 덜 사보기로 하였습니다. 장난감을 덜 구입하고, 주변 사람들과 나눠 쓰는 작은 행동이 생명을 소중하게 여기는 마음을 실천하는 손쉬운 방법이라는 것도 알게 됩니다.

그런데 막상 장난감 선물을 포기하는 일은 쉬운 일이 아니었습니다. 아이들은 그것이 왜 쉽지 않았는지 실패의 경험도 나눠봅니다. 서로 격려도 해주고 위로도 해줍니다. 쉽지 않은 일을 실천하기 위해서는 어떻게 해야 할지 연습해 봅니다. 이벤트적인 나눔장터보다 새 물건을 한 번 사지 않는 행동이 얼마나 많은 결심이 필요한 일인지도 알게 됩니다. 그 결심을 실천할 때마다 나의 반려식물에게 자랑도 해 봅니다.

가정연계 활동을 통해 자기가 쓰지 않은 장난감을 사촌 동생에게 물려주고, 사촌 형에게는 어떤 장난감을 받았는지 이야기해봅니다. 변화는 아주 서서히 일어납니다. 학교생활 곳곳에서 나의 반려식물을 위해 새것에 대한 욕심을 버리는 연습을 하다 보니 생일이나 명절이 지나면 서로서로 어떤 장난감을 받았는지 자랑하던 아이들이 조금씩 예상하지 못한 곳에서 다른 모습을 보여줍니다. 주변의 환경과 관계를 맺음으로써 일상에서 의미 있고 적극적인 환경행동을 지속적으로 실천할 수 있는 동기를 찾을 수 있었던 것입니다.

이렇게 자기환경화를 통해 주변에서 일어나는 어떤 문제에 대해, '무엇이 문제인지'를 알아차리는 것은 환경적 관점으로 나의 주변을 둘러볼 때 비로소 가능합니다. 환경 관련 현상에 대해 민감하게 인식하고, 보다 지속 가능한 방법으로 해결 방안을 모색하고자 노력하는 것은 환경적 관점이 없이는 불가능합니다. 환경적 관점은 환경 자체, 환경과 인간관계, 환경문제의 통합적인 이해를 통해 지속 가능하기 위한 노력을 응원하고 지지할 수 있으며, 지속 가능하기 위해 불편한 결정을 기꺼이 감수할 수 있게 할 것입니다.

따라서 주체적으로 살아가는 지속 가능한 삶은 자기환경화를 통해 환경적 관점을 기를 때 가능하다고 할 수 있습니다. 나를 둘러싼 주변을 확장하여 환경적인 관점으로 세상을 바라보고, 지속 가능한 미래를 만들어가기 위한 신념, 체제를 강화하여 평생 실천할 수 있는 원동력을 제공합니다. 마을 연계 환경교육이 적극적으로 실행되어야 하는 가장 중요한 이유입니다.

마을 연계 환경교육에서 학교가 가지는 의미는 특별합니다. 학교는 아이들이 환경적 관점으로 나의 삶과 밀접한 세상을 들여다볼 수 있는 공간이기 때문입니다. 학교는 아이들의 삶의 많은 부분을 차지하는 공간입니다. 마을이라는 공간이 아이들의 실제 범위의 최대 공간 단위라면 가정을 제외한다면 학교는 아이들의 일상이 일어나는 최소 공간

단위라고 할 수 있습니다. 아이들에게 학교는 배움의 공간이기도 하지만 많은 사람과 함께하는 생활의 공간이기도 하기 때문입니다.

지역에 따라 상황은 다르겠으나 우리나라 학교의 대부분은 에너지 사용량과 온실가스 배출량이 많으면서도 녹색공간이 상대적으로 부족한 중심지에 위치하였습니다. 따라서 학교 공간이 얼마나 지속 가능한 삶을 연습할 수 있도록 구성되었는지도 아이들에게는 중요한 배움 자원이 됩니다. 우리가 추구해야 하는 환경교육이 단순히 눈앞의 위기를 벗어나거나 문제를 해결하는 것이 아닌 통합적인 관점으로 지속 가능한 삶의 방식을 내면화하는 것이라면, 아이들이 그러한 삶의 방식을 배우고 연습할 수 있도록 교육과정이 실천되는 학교 공간부터 학교경영까지 통합적으로 설계되고 운영되어야 할 필요가 있습니다.

지속 가능한 학교 공간이 국가 수준에서 만들어진다고 상상해보세요. 우리나라의 아이들이라면 누구나 공통적으로 갖춰진 친환경 학교 공간 안에서 지속 가능한 삶을 경험할 수 있게 되겠지요. 하지만 이것은 쉬운 일은 아닙니다. 막대한 예산과 오랜 시간이 필요한 일입니다. 하지만 실망하기는 이릅니다. 당장은 모든 학교가 지속 가능한 학교의 공간을 갖출 수 없지만, 학교의 지속 불가능한 모습도 배움의 주제가 될 수 있습니다. 학교 화단의 모습이 생태계의 가치로서는 볼품없을지언정 작은 생명과 함께할 수 있는 공간에서 얻을 수 있는 기쁨, 환경적으로 건강하게 관리되는 화단의 모습을 관찰하며 얻게 되는 성찰, 우리 학교에 지속 가능한 녹색공간을 확충하기 위한 노력 등은 충분히 지속 가능한 삶의 방식을 연습하는 데 필요한 배움이 일어납니다.

지속가능한 학교?
우선은 운동장에 푸른 식물들이 가득해야 해.
맨땅을 밟을 수 있는 놀이 공간과 정크아트로 꾸민 놀이터도!
학교 나무에서 우리 동네 새들이 잘 살 수 있도록 둥지랑 모이통도 둬야지.
빗물저금통으로 학교 텃밭도 마음껏 가꿀 수 있고,
친구들이랑 마을 사람들과 아나바다 장터를
언제든 열 수 있었으면 좋겠다.
친환경 에너지를 사용하는 건 기본이겠지?
분리배출장은~

내 맘대로 상상하는 모두를 위한 지속 가능한 우리 학교

특히, 학교는 마을의 중심이자 마을공동체의 핵심이기도 합니다. 우리 마을 아이들이 다니는 학교는 다양한 마을공동체들을 관통하는 중요한 매개체이기 때문입니다. 지속 가능한 우리 학교의 모습을 공동체와 함께 고민하고 가꿔간다면 삶의 곳곳에서 지속 불가능한 문제들을 발견해내는 환경적 관점을 기를 수 있습니다. 지속 불가능한 일상의 문제들을 극복하는 데 필요한 요소를 찾아내는 역량을 충분히 연습할 수 있게 되는 것입니다.

그리고 이 모든 것을 작은 우리의 노력과 공동체의 커다란 결속이 만들어낸다는 자부심은 그 무엇과도 바꿀 수 없는 소중한 경험이 될 것입니다. 지속 가능한 삶을 시작하는 방법, 우리 학교에서 지구적으로 생각하고 우리 마을에서 지역적으로 실천해야 하는 이유입니다.

## 2. 마을에서 통합적으로 접근하기

### 수업으로 살펴보기 더 좋은 우리 마을, 우리 손으로

우리 마을의 발전을 환경적 관점으로 바라보기 시작한 신도시의 아이들. 우리에게는 마냥 좋았던 마을의 변화가 원주민인 민들레나 개구리에게는 그렇지 않을 수 있다는 것을 알게 되었습니다. 원래 논밭이었던 마을에서 살던 동식물뿐만 아니라 농사를 지으며 평생을 살아온 사람들도 원치 않은 이사를 하게 되었다는 것도 배웠습니다. 우리 마을의 변화를 다양하게 살펴보다 보니 모두가 살기 좋은 마을을 만들려면 많은 배려가 필요하다는 것을 알게 되었습니다.

그러던 어느 날, 여름비가 시원하게 쏟아진 다음 날이었습니다. 선생님은 아이들에게 사진을 두 장 보여주었습니다.

"여기는 어디일까요?"

특별한 점을 찾아라, 비가 그친 우리 마을 풍경

생각보다 쉽게 대답이 나오지 않습니다. 선생님 얼굴 한 번 쳐다보고, 입꼬리 한 번 씰룩거리고, 사진 한 번 쳐다보고, 친구들끼리 '저기어, 어, 어?'하는 눈빛을 교환합니다.

어디서 많이 익숙한 곳임은 틀림없는데 딱 어디라고 대답하기가 어려운가 봅니다. 그도 그럴 것이 선생님은 참으로 교묘하게 구도를 잡아 사진을 찍었습니다. 유심히 보지 않는다면 어딘지 잘 알지 못하도록요.

"어? 저기 주차장 같은데?"

차를 발견한 누군가가 외칩니다. 주차된 차가 있으니 주차장이겠지요.

"어디 주차장일까요?"

"잘 모르겠어요~."

"학교 같은데요? 저기 아파트! 우리 학교 옆 아파트잖아요!"

아이들에게 슬슬 감이 오나 봅니다. 선생님은 여전히 빙그레 웃고 있습니다. 선생님의 웃는 얼굴에 확신을 얻은 아이들은 신이 나서 너도 나도 학교 주차장, 정문 쪽으로 오면 왼편에 있는 주차장이라고 말을 합니다.

"맞아요, 우리 학교 주차장이에요. 우리 학교 주차장은 다른 주차장과 달리 아주 특별한 점이 있어요. 어떤 점이 특별할까요?"

"나무가 빽빽해요."

"나무가 말랐어요!"

아, 이건 의도한 건 아닌데요. 조경공사가 끝난 지 얼마 되지 않은 곳이다 보니 나무들이 좀 어립니다. 게다가 주차장 쪽 바깥 둘레를 따라

담장처럼 심느라 그런지 다른 곳에 비해 유난히 나무들 간격이 좁습니다. 앞으로도 잘 자라날지 걱정이 되는 부분입니다.

"어, 정말 그렇네요. 그런데 선생님이 생각하는 특별한 점은 아니에요. 자동차가 세워진 곳 아래에 힌트가 있어요."

아니, 자동차도 조그맣게 나오도록 찍은 사진에서 그것도 밑을 보라니요. 아이들은 잘 안 보인다며 급기야 텔레비전 앞으로 모여들었습니다.

"찾았다! 자동차 바닥에 풀이 자라고 있어요!"

그렇죠. 우리 학교 주차장은 다른 곳과는 달리 아스팔트로 메워지지 않았습니다. 자동차를 주차하는 공간은 블록과 블록 사이 듬성듬성 흙이 남아 있어 푸릇푸릇합니다. 그러자 옆 사진에서는 뭔가 다른 점이 쉽게 보입니다.

"반은 그냥 블록이고 반은 구멍 뚫린 블록이에요!"

텔레비전 앞에 북적북적 모인 아이들은 블록 사이 앙증맞게 자란 풀들을 찾아냅니다. 선생님이 의도했던 부분 중 절반은 맞았습니다.

"자자, 들어가세요. 선생님의 첫 질문은 여기가 어디인지 물었어요. 텔레비전 앞에서 아무리 봐도 알 수가 없을걸요?"

"그런데 여기 젖어있는 것처럼 보여요."

"맞아요. 선생님이 어제 비 그친 후에 찍은 사진이라서 그래요."

"선생님이 찍었어요?"

"그럼요~."

우와아- 별것도 아닌데 선생님이 찍었다고 하니 또 새롭게 보이는가

봅니다. 선생님이 발로 찍어도 멋진 사진이라고 해줬을 아이들입니다. 하지만 쉽게 나오지 않는 답에 선생님은 다시 힌트를 주어야 했습니다.

"이곳은 여러분이 사는 아파트 안이에요."

으잉? 하는 표정으로 아이들은 다시 사진을 들여다봅니다. 마침내 누군가가 생각해내었습니다.

"여기 재활용품 버리러 가는 길이다!"

드디어 알아냈습니다. 이곳은 아파트 단지 내 길입니다. 아이들이 사는 학교 옆 아파트에는 동마다 분리배출장이 잘 설치되어 있습니다. 재활용품을 분리 배출하는 곳에서 살짝 돌아가면 일반쓰레기도 함께 버릴 수 있는 장치가 있지요. 구멍에 쏙 넣기만 하면 쓰레기가 빨려 들어가 지하를 통해 처리장까지 간답니다. 덕분에 우리 마을에서는 쓰레기 수거 차량을 볼 수 없어요.

"그런데 이게 왜 특별해요? 반반이라서요?"

"그 말도 맞는 말이네요, 반반이라서 특별한 점이 있군요?"

선생님은 고개를 끄덕이며, 아이들에게 사진을 확대해줍니다. 주차장 내 진입로를 제외한 차량 주차 공간과 아파트 단지 내 반반인 도보블록을 더 잘 볼 수 있도록 확대를 거듭하면 눈이 좋은 친구들만 보였던 생명들이 보입니다. 블록 사이사이에 푸른 빛을 띠고 있던 그들입니다. 확대해서 보니 수업 시간에 배웠던 꽃마리나 민들레, 제비꽃 같은 친구들을 찾을 수 있습니다. 주차장이 아스팔트로 다 깔려있었다면 절대 볼 수 없었을 모습입니다. 특별한 점은 또 있습니다.

"선생님이 비 온 다음 날 찍은 이유가 있어요. 바로 빗물 친구 때문이랍니다."

선생님은 아이들에게 빗물 친구 동동이를 소개해 주었습니다. 선생님이 만든 땅속으로 갈 수 없는 빗방울, 동동이의 고민이라는 이야기를 읽어줍니다.

동동이는 멋진 숲 속의 시냇물을 따라 바다까지 놀러 갔다가 다시 구름이 된 빗방울 친구였습니다. 동동이가 구름에서 속에서 다른 빗방울 친구들과 다시 아래로 내려가기 위해 기다리던 중이었습니다. 땅속 나라에 한동안 머무느라 무척 심심했다는 다른 빗방울 친구의 말을 들은 동동이는 오히려 땅속 나라가 궁금해졌습니다. 구름이 여우비를 내리던 어느 날, 동동이는 서둘러 아래로 뛰어내렸습니다.

그게 문제였을까요? 동동이가 떨어진 곳은 도시 한가운데 높은 빌딩의 옥상이었습니다. 주위를 둘러보아도 땅속으로 갈 길은 보이지 않았습니다.

우선은 아래로 내려가야지 싶어 까만 구멍에 발을 담그는 순간, 엄청난 속도로 긴 관을 따고 미끄러지는 통에 도무지 정신을 차릴 수가 없었습니다. 어느 순간, 떨어지는 속도가 줄어들고 어딘가 까만 동굴이 계속 이어졌지만 온통 어두컴컴해서 어딘지 가늠할 수도, 세상을 구경할 수도 없습니다. 게다가 엄청난 악취와 더러운 것들이 함께 떠다니니 기분이 좋을 리도 없었지요. 요리 콸콸, 조리 콸콸, 요리조리 콸콸콸! 그렇게 얼마나 흘러다녔을까요?

넓은 하수구에 와서야 동동이의 정신없는 미끄럼 여행이 끝이 났습니다. 그러나 아무리 살펴보아도 보이는 것은 까만 시멘트 동굴뿐입니다. 좀처럼 땅속 나라로 들어가는 입구는 보이지 않습니다. 숲 속에서는 흔하기만 했던 흙 한 줌을 구경할 수가 없었습니다.

'도시에서 땅속 여행을 시작하는 건 정말 어렵구나. 숲에 있었을 때는 어디에서든 갈 수 있었는데….'

동동이의 고민은 깊어졌습니다.

"자, 여기까지예요~ 빗방울 친구 동동이에게 어떤 문제가 생겼는지 다시 확인해볼까요?"

아이들은 동동이에게 생긴 문제를 생각해보기 시작하였습니다. 회색빛 도시에서 동동이가 땅속 나라로 갈 길을 찾을 수 없었던 것이 가장 큰 문제였습니다. 아이들은 도시에서 빗물을 처리하는 우수관과 하수구의 이름을 처음 알게 되었습니다. 선생님은 우리 학교에서도 쉽게 찾아볼 수 있는 우수관을 보여주었습니다. 옥상에서 내려오는 긴 관은 보도블록의 구멍 난 하수구로 연결되어 있습니다.

동동이의 문제가 우리와 어떤 관계가 있는지 탐색해보기 시작합니다. 우리 학교와 마을처럼 흙 위에 아스팔트 도로와 시멘트들, 건물이 빼곡하게 들어서면 자연스럽게 맨땅이 들어설 자리가 없다는 것을 민들레 엄마 덕에 잘 알고 있던 아이들은 빗방울도 비슷한 이유로 어려움을 겪고 있다는 것을 알게 되었습니다. 우리 마을은 어쩌다 빗방울 친구에게도 문제를 생기게 하였을까요?

"자, 그럼 아까 선생님이 보여주었던 사진을 다시 볼까요? 동동이를 도울 방법이 사진 속에 숨어있어요."

"아! 구멍 난 블록!"

드디어 아이들은 선생님이 굳이 비 온 뒤 사진을 찍은 이유를 알아차렸습니다. 도시에서 주차장과 보도블록을 만들 때 빗물이 땅속으로 들어갈 수 있는 자리를 남겨두면 되는 것이었습니다. 이렇게 쉬운 일을 왜 다른 곳에서는 찾기가 어려운 걸까요? 우리 마을이 그나마 빗방울 친구를 위해 구멍 난 블록들을 여기저기 깔아놓았다니 참으로 다행입니다.

"이렇게 우리뿐만 아니라 자연과 동식물들이 함께 잘 살아갈 수 있도록 만든 도시를 지속 가능한 도시라고 불러요. 지속 가능한 도시를 만들기 위해 적극적으로 노력하고 있는 세계 도시들이 있답니다. 우리 마을이 지속 가능한 도시로 자라날 수 있도록 지속 가능한 세계 도시들의 모습을 같이 알아볼까요?"

지속 가능한 도시. 뭔가 좀 어려운 말이지만 가슴이 설레는 말입니다. 민들레 엄마, 개구리 가족, 빗방울 친구에게 미안하지 않아도 되는 도시. 고작 2학년인 어린 친구들이지만, 햇귀마을 친구들에게 '살기 좋은 우리 마을'은 더 이상 사람만 살기 좋은 마을이 아닙니다.

**- 우리 마을에서 시작하는 환경인 되기 -**

'더 좋은 우리 마을, 우리 손으로'의 수업, 어떻게 보셨나요?

아이들이 다니는 학교와 마을에서 환경적 관점을 기를 수 있는 소재를 발견하는 것은 매우 중요한 일입니다. 존 듀이가 말한 '우리는 문제에 직면했을 때만 생각한다'의 의미는 환경교육의 내용을 선정할 때 큰 메시지를 줍니다.

아이들의 삶에서 직면할 수 없는 지하수의 고갈 문제는 그들을 생각하게 만들 수 없습니다. 아이들이 살아가는 데 불편함을 느끼지 못하는 도시는 그 이면의 많은 환경적 문제들을 볼 수 없게 만듭니다. 지속 가능한 도시의 필요성을 느끼지 못하는 데 지속 가능한 도시에 대해 깊게 생각해볼 수 있을까요?

학교 주차장과 마을 아파트의 투수성 블록을 발견하고, 그것의 역할을 탐구하며 지속 가능한 도시의 모습을 찾아보게 하는 것은 아이들의 상황과 환경적 지식 사이에 숨어있는 다양한 의사소통과 상호작용을 가능하게 하고, 아이들이 몰입하여 문제 해결을 탐색하고 반성적 사고를 하는 계기를 만들어주는 수업을 만들 수 있습니다. 아이들의 삶에서 발견하는 이야기를 통해 주도적으로 만드는 살아 있는 수업이 되는 것입니다.

마을 연계 환경교육이 정말로 의미 있게 진행되면 교사가 처음 의도한 것과는 다른 수업으로 변형되거나 새로운 내용이 추가될 수도 있습니다.

제가 신도시 아이들과 의도했던 '더 좋은 우리 마을, 우리 손으로'의 프로젝트는 우리 학교의 변화 모습을 살펴보는 과정을 통해 우리 마을의 변화를 이해하고, 마을의 변화를 환경적 관점에서 살펴봄으로써 앞으로 모두가 살기 좋은 마을을 만들기 위해서 지속 가능한 도시로 나아가야 한다는 것이었습니다.

하지만 신도시의 아이들은 그들의 삶에서 발견한 살기 좋은 마을의 모습을 더 다양하게 이야기하였습니다.

우선 이사를 온 친구들이 많았던 만큼 새로운 이웃들과 잘 지내야 살기 좋은 마을이라고 생각하였고, 공사가 아직 많이 진행되고 있는 마을이다 보니 매일 다니는 등굣길이 위험하니 안전해야 좋은 마을이라는 생각을 하는 친구들도 있었습니다. 선생님이 만들어놓은 수업 상황이 아이들의 삶과 밀접하게 연결되었기 때문에 어린 학습자들도 제 삶에서의 문제를 찾아내었던 것입니다.

그렇게 살기 좋은 마을 만들기는 아이들의 삶 속에서 지속가능성의 가치를 키웠습니다. 마을 자체에 대한 지속가능성을 생각하며 더 좋은 마을을 만들어가는 프로젝트가 마을을 통해 작은 환경인으로서 성장해나가는 시작이 될 수 있었던 것입니다.

아이들 덕에 '더 좋은 우리 마을 만들기' 수업은 지속 가능한 도시의 모습을 조금 더 다채롭게 이야기하게 되었습니다. 신도시 아이들과의 최종적인 '더 좋은 우리 마을, 우리 손으로' 프로젝트는 아래의 표와 같습니다.

<table>
<tr><th colspan="3">주제 목표</th><th colspan="4">지속 가능한 우리 마을 만들기를 위한 방법을 알고 노력할 수 있다</th></tr>
<tr><th>단계</th><th>소주제</th><th>차시</th><th>성취기준</th><th>주요 학습 내용 및 활동</th><th colspan="2">관련 교과, 단원 (마을 자원)</th></tr>
<tr><td>프로젝트 수행준비 및 자원탐색</td><td>학교사(史)로 우리 마을의 변화 인식하기</td><td>1-2</td><td>학교사(史)를 통해 우리 마을의 변화 모습을 알아본다.</td><td>◦우리 학교의 역사 알기<br>-우리 학교 학생 수의 변화 살펴보기<br>-학교의 변화 이유 생각하기<br>◦우리 마을의 변화 모습을 살펴보기<br>-행정복지센터 누리집 살피기<br>-마을의 변화 모습과 사람들이 모인 이유 이야기하기</td><td>수학<br><br>창체</td><td>5. 표와 그래프 (학교 연혁자료)<br><br>마을 연계 활동</td></tr>
<tr><td rowspan="3">프로젝트 수행</td><td>우리 마을 변화과정 이해하기</td><td>3-6</td><td>[2슬05-03] 동네의 모습을 관찰하고, 그림으로 그려 설명한다.</td><td>◦우리 마을 지도 그리기<br>-동네탐방, 우리 동네 모습 그리기<br>◦우리 마을의 변화과정 조사하며 여러 가지 의미 찾기<br>-10년 전 우리 마을과 지금의 우리 마을 항공지도 비교하기<br>-마을의 변화가 사람과 동식물에게 각각 끼치는 영향 생각하기</td><td>통합 (가을)<br><br>창체</td><td>1. 동네 한 바퀴 (마을 지도)<br><br>마을 연계 활동</td></tr>
<tr><td rowspan="2">지속 가능한 마을이 되기 위한 노력 알아보기</td><td>7-8</td><td>[2국03-04] 인상 깊었던 일이나 겪은 일에 관한 생각이나 느낌을 쓴다.<br><br>[2국01-03] 자신의 감정을 표현하며 대화를 나눈다.</td><td>◦지속 가능한 마을의 의미 이해하기<br>-별꼭지생각법으로 바라보기<br>-지속 가능한 마을을 위해 필요한 것 알아보기<br>-친환경 도시(지속 가능한 마을)의 의미 알아보기<br>-다른 나라의 친환경 도시 사례 소개받기<br>◦우리 마을을 지속 가능하게 하는 것들 생각해보기<br>-마을행사에 참여한 경험 나누기<br>-마을행사의 의미 생각하기<br>-내가 열고 싶은 마을행사 소개하기</td><td>국어</td><td>2. 인상 깊었던 일을 써요 (마을 연계 활동)</td></tr>
<tr><td>9-10</td><td>[2슬05-04] 동네 사람들이 하는 일, 직업 등을 조사하여 발표한다.</td><td>◦우리 동네 사람들이 하는 일 알아보기<br>-동네 사람들이 하는 일 탐색하고 인터뷰하기<br>-우리 마을에 필요한 직업 생각하기<br>-마을을 위해 일하는 나의 모습 상상하기</td><td>통합 (가을)</td><td>1. 동네 한 바퀴</td></tr>
</table>

| 과제해결 | 더 좋은 우리 마을을 만들기 위해 노력 하기 | 11-12 | [2즐06-03] 여러 가지 민속놀이를 한다.<br><br>[2즐05-04] 동네에서 볼 수 있는 직업과 관련하여 놀이를 한다. | ◦사람들에게 전하고 싶은 이야기 전달하기<br>-더 좋은 우리 마을을 위한 마을행사 건의하기<br>-만날 수 있는 이웃과 민속놀이 대회 계획하고 실천하기<br>◦나는 어떤 마을 사람이 될까요<br>-친환경 우리 마을을 위한 아이디어 모으기<br>-모두를 위한 미래의 집 꾸며보기<br>-'미래의 나'의 직업놀이 | 통합 (가을) | 1. 동네 한 바퀴 |
|---|---|---|---|---|---|---|
| 산출물 작성 및 발표 | 프로젝트 학습 결과 발표 | 13-14 | [2즐05-03] 동네 모습을 다양하게 표현한다.<br><br>[2바05-02] 동네를 위해 할 수 있는 일을 찾아 실천하면서 일의 소중함을 안다. | ◦우리 마을의 장단점 알아보기<br>-우리 가족구성원별 장단점 리스크 만들기<br>-우리 마을의 장점을 활용하려면?<br>-우리 마을의 단점을 보완하려면?<br>◦지속 가능한 마을을 위한 캠페인 활동하기<br>-지속 가능한 환경 마을 만들기<br>-보다 안전한 안심마을 만들기(개별과제)<br>-이웃과 함께하는 사랑마을 만들기<br>◦더 좋은 우리 마을 지도 업그레이드하기 | 창체 통합 (가을) | 마을 연계 활동 (근린공원, 마을 내 홍보 게시판) |

'더 좋은 우리 마을, 우리 손으로' 프로젝트

마을 연계 환경교육은 4단계로 진행됩니다.

첫 번째 만남 단계에서는 하나의 주제를 학교와 관련지어 탐구해 봄으로써 자기환경화를 강화한 후 마을의 변화를 인식합니다. 앞으로의 이야기가 다른 누구가 아닌 나의 이야기라는 것을 강조해 주는 단계입니다. 아이들의 일상에서 배움을 일으키는 중요한 단계로 학교와 마을에서 수업 소재를 찾는 교사의 노력이 필요합니다. 교사가 의도하여 이끌었으나, 학생은 스스로 주제를 인식하고 발견했다고 생각한다면 성공적입니다.

두 번째 단계는 주제를 환경적 관점에서 바라보게 하는 다양한 질문을 만드는 것이 핵심입니다. 마을의 현재 모습이나 변화과정을 인간이 아닌 다른 생태계의 관점에서 들여다보았을 때 평범하다고 생각했던 일상에서 발견되는 새로운 문제들을 인식하게 하는 과정입니다. 어떤 문제를 발견하고 그게 왜 문제가 되는지를 이해했을 때, 스스로 문제를 해결하기 위한 탐구가 가능해지기에 매우 중요한 단계라고 할 수 있습니다.

세 번째는 선생님과의 다양한 활동을 통해 익숙하지 않았던 문제 해결 과정을 연습해 보고, 가정에서 주도적으로 이를 실천해보는 단계입니다. 유사한 또래 활동을 탐구하여 나도 할 수 있다는 자신감을 가지게 하고, 이를 벤치마킹할 수 있게 하는 활동을 포함하는 것도 유용합니다.

마지막으로 충분히 모색하고 연습한 문제 해결 과정을 주변 사람들과 함께하기 위한 활동을 기획하고 실천하게 하는 활동을 진행합니다. 이는 마을 연계 활동을 직접 해 봄으로써 연대의 소중함을 체험하게 하여 지역공동체의 일원으로서 나와 밀접한 문제를 해결해 보고자 하는 후속 활동을 모색하게 하는 계기를 마련해 줍니다.

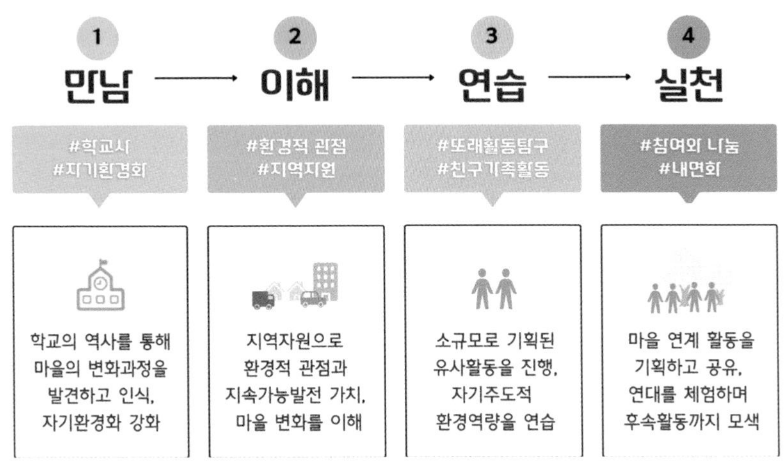


마을 연계 환경교육의 단계별 구성

또한 마을을 확장하여 지역자원을 활용하면 마을 연계 환경교육 역시 무한한 확장이 가능하다는 것도 말씀드리고 싶습니다. 예를 하나 들어볼까요?

2학년 통합교과에는 여름에 물가에서 만날 수 있는 동식물을 알아보며 환경오염으로 위기에 처한 물가 친구들을 돕기 위해 내가 할 수 있는 일을 알아보는 내용이 나옵니다. 이를 지역화 교육과정으로 재구성하여 우리 마을 물가 친구 돕기 프로젝트를 진행해봅시다.

제가 가르치는 아이들이 사는 마을은 한강 하구에 위치하고 있습니다. 오래전부터 하나의 유역에 사는 사람들은 물과 자연 자원을 공유하고, 서로 많은 정보를 교환함으로써 같은 문화를 만들어 왔습니다. 기후 위기 시대의 환경교육 목표가 단순히 환경역량을 습득하는 것이 아니라 지속 가능한 삶에서 살아가게 하는 것이라면 한강 유역은 자기환경화가 자연스럽게 이뤄질 수 있는 공간을 제공하며, 한강을 활용한 환경교육은 아이들의 삶과 긴밀한 관계를 가진 교육으로 이어질 수 있습니다.

한강 하구는 우리나라의 유일하게 자연 하구의 모습을 유지하고 있으며, 먹이가 풍부한 기수역에 속합니다. 마을이 속한 지역이 가지고 있는 드넓은 평야도 철새들이 많이 찾아오는 이유 중 하나입니다.

아이들은 지역의 자연 습지 중에서도 학교와 제일 가까운 습지에서부터 물가에서 볼 수 있는 친구들을 찾아봅니다. 습지의 중요성과 건강한 습지의 모습을 배우는 것은 덤입니다.

습지를 보호하는 것이 곧 물가에 사는 친구를 돕는 것이며, 우리가 할 수 있는 보호 활동으로는 여러 가지가 있겠지만, 일회용품을 덜 쓰고 쓰레기를 덜 버리는 일이 가장 쉽게 할 수 있는 보호 활동이라고 이야기해 줍니다.

도농복합지역이라는 지역적 특색은 지속 가능한 미래를 위한 생태도시와 친환경 농법을 추구하는 농촌의 역할을 함께 생각해보게 할 수 있습니다. 지역의 유명한 특산물은 로컬푸드에서 탄소중립을 이야기할 수도 있지요. 또한 한강의 철책 제거라는 현안도 철책에 의해 사람의 접근이 어려워 자연 생태계를 건강하게 유지할 수 있었던 아이러니에 대해 깊게 고민하는 기회를 제공하고, 공존의 가치를 훼손시키지 않는 지역 발전을 생각할 수 있게 할 것입니다.

마을의 숨은 이야기들은 우리 아이들의 삶과 앎을 연결하는 매우 중요한 소재가 됩니다. 더 좋은 우리 마을의 의미로 지속 가능한 미래사회의 뜻을 체감할 수 있으며, 살기 좋은 우리 마을 만들기가 곧 지속 가능한 삶을 사는 데 필요한 시스템적 요소를 생각하게 할 수 있기 때문입니다.

이렇게 살아서 숨 쉬는 마을 연계 환경교육을 기획하기 위해서는 교사가 마을을 알아야 합니다.

앞서 이야기했듯 항공지도는 학교 주변의 모습과 자연환경 등을 확인하는 데 매우 유용합니다. 지역관공서의 홈페이지에서도 유용한 정보를 찾을 수 있습니다. 국토정보플랫폼은 아이들과 활용할 수 있는 항공지도를 내려받아 수업자료로 만들기에 유용합니다. 도서관에 비치된 오래된 지역자료도 지역의 역사를 이해하기 위해 유용하게 활용하실 수 있습니다. 무엇보다 지역에서 오래 근무하신 동료 교사의 이야기는 살아 있는 많은 정보를 얻는 데 도움이 됩니다. 전문적학습공동체, 현지 연수 등을 활용하여 학교 주변 마을과 지역의 자원을 탐방해 보는 것도 좋은 방법입니다.

기후 위기 시대에 가장 필요한 것은 배움에서 내면화된 환경역량을 삶에서 실천하게 하는 것입니다. 주변 환경을 나의 것으로 인식하는 자기환경화는 아무리 강조해도 부족하지 않습니다. 자기환경화는 학습자들의 실제 삶과 환경교육을 의미 있게 연결해주는 중요한 열쇠이기에 아는 것을 실천으로 옮기게 할 수 있기 때문입니다.

우리 주변 가까이에 멸종위기종이 도움을 청하고 있습니다

선생님의 학교와 마을은 어떠한가요? 우리 마을이기에 찾을 수 있는, 우리 지역에서부터 할 수 있는 지속 가능한 삶의 이야기가 생각보다 더 가까이에 숨어있습니다. 지금 우리를 둘러싼 마을의 이야기에서 슬기로운 미래시민으로서의 성장을 시작하길 기대해봅니다.

## 3. 가족과 함께 지구인으로 성장하기

### 수업으로 살펴보기　꼬마 판다의 가족이 되어준 햇귀들

또다시 통합교과, 이번엔 다양한 가족들의 모습을 살펴보는 시간입니다. 나의 가족, 친구들의 가족, 여러 이웃들의 가족은 어떤 모습인지 어떻게 구성되어있는지 이야기를 나눕니다. 선생님은 아이들의 이야기를 들으며 한 권의 그림책을 꺼내 듭니다. 수업 시간에 선생님이 읽어주는 그림책은 언제나 대환영인 아이들입니다. 오늘 선생님이 읽어줄 그림책은 이시원 작가님의 「숲 속 사진관」입니다.

선생님은 아이들에게 책을 읽어줍니다. 숲 속 동물 가족들이 멋진 가족사진을 찍는데, 꼬마 판다만은 외로운 가족사진을 찍는 대목에서 아이들의 안타까운 한숨이 이어집니다. 하지만 괜히 이웃사촌이란 말이 있는 건 아니겠죠?

"숲 속 마을 꼬마 판다는 혼자가 아니었어요. 숲 속 마을의 동물들이 모두 꼬마 판다의 가족이 되어주었으니까요. 서로 돕는 우리 마을 사람들처럼 숲 속 마을 동물들도 서로 돕고 아껴주는 꼬마 판다의 이웃이었네요."

마지막 마무리에 아이들은 참았던 숨을 후우~ 내쉬었습니다. 혼자 가족사진을 찍는 꼬마 판다의 표정에서 안타까움을 느꼈기 때문일 것입니다. 다양한 형태의 가족의 모습과 사랑을 보여주던 숲 속 사진관은 어느 사이 이웃의 소중함까지 깨닫게 해주었습니다. 정말 멋진 책이네요. 하지만 선생님이 이야기하고 싶은 것은 따로 있었습니다.

"친구들, 선생님은 이 책을 보고 나서 궁금한 것이 생겼어요."

아휴, 우리 선생님은 왜 그렇게 궁금한 것이 많을까요? 아이들은 살짝 긴장합니다.

"숲 속 마을 꼬마 판다는 왜 혼자 살고 있었을까요?"

이번에도 미처 생각하지 못했던 질문입니다. 아이들은 왜 꼬마 판다가 혼자 살게 되었는지 열띤 토론에 들어갑니다. 부모님 몰래 놀러 갔다가 길을 잃었을 것이다, 부모님이 병에 걸려서 혼자 남았을 것이다, 부모님이 오늘 둘 다 늦게까지 일하셔서 잠깐 혼자일 것이다 등 나름 꼬마 판다가 혼자 가족사진을 찍게 된 이유를 생각해봅니다. 이런저런 이야기를 나누는 사이 통합교과 시간이 끝나고 국어 시간이 되었습니다.

이번 국어 시간은 일이 일어난 차례를 생각하며 말하기입니다. 선생님은 모둠별로 하나의 문장이 적힌 종이들을 순서 없이 나눠주고 차례를 생각하여 새로운 이야기를 만들어보라고 하셨습니다.

힌트는 지난 국어 시간에 배운 시간을 나타내는 단어였어요. 문장 속에 숨은 시간을 나타내는 단어를 찾아 일이 일어난 순서대로 나열하면 이야기 하나가 완성되는 활동이었습니다.

문장을 차례대로 이어 만든 이야기를 살펴보니 꼬마 판다도 아름다운 대나무숲에서 부모님과 함께 행복하게 살았던 때가 있었어요. 그런데 어느 날, 대나무숲을 모두 베어버린 사람들 때문에 가족이 뿔뿔이 흩어져 혼자 숲 속 마을에서 살게 되었다고 합니다. 지난 시간 선생님의 질문에 대한 답이 숨어있었던 것이지요.

꼬마 판다는 왜 혼자 숲 속에 살고 있었을까요?

선생님은 숲 속 사진관이라는 책을 읽고 가족의 소중함에 대해서도 생각할 수도 있지만, 마지막에 혼자 남은 꼬마 판다에게서 서식지를 잃은 멸종위기종의 슬픔도 이해하면 좋겠다고 생각했던 것입니다. 왜 사람들이 대나무숲을 밀고 무엇을 지었는지는 아무도 모릅니다. 우리 마을처럼 대단지 아파트 숲이 들어섰을 수도 있고, 커다란 공장들이 모여있는 곳이 되었을 수도 있습니다. 넓은 도로를 만들었을 수도 있겠지요. 이유를 생각해보는 활동 또한 생태계를 고려하지 않은 개발의 문제점을 인식하게 할 수 있습니다.

이 활동에서 가장 중요한 것은 사람들이 아무렇지도 않게 밀어버린 곳에서 어떤 동물들은 행복하고 평화로운 삶을 살고 있었다는 사실을 알아차리게 했다는 것입니다. 보금자리를 잃어버린 동물들은 모든 것을 잃어버렸는데, 보금자리를 파괴한 사람들은 맛있게 점심을 먹었다는 대목에서는 발표하던 아이들의 목소리가 작아집니다. 대신 미안함을 느꼈기 때문일까요?

우리 마을의 변화를 환경적 관점에서 살펴본 아이들은 대나무숲을 잃고 혼자 남게 된 꼬마 판다의 이야기에 더욱 몰입할 수 있었습니다. 어른들에게 개발은 왜 그렇게 중요한 일이 되었을까요? 우리는 누군가의 행복을 짓밟지 않고 발전할 수는 없는 걸까요? 아이들에게 쉽지 않은 질문을 던진 선생님은 어른들의 무분별한 개발이 아니더라도 우리가 버린 쓰레기가, 마구 쓴 전기가, 매일 타는 자동차가, 잠깐 입다 버린 옷들 등이 동물들의 서식지를 잃어버리게 할 수 있음도 짚어주었습니다.

조금은 우울해진 아이들에게 선생님은 새로운 제안을 합니다. 우리도 숲 속 동물 친구들처럼 꼬마 판다의 가족이 되어주자는 제의를 한 것입니다. 어디선가 꼬마 판다 인형이 톡 튀어나왔습니다.

"우아~ 귀엽다!"

작은 인형일 뿐이지만 아이들은 금방 꼬마 판다 인형을 친구로 만듭니다. 모둠끼리 꼬마 판다의 가족이 되어 가족사진을 찍어주기도 하고, 햇귀마을 전체가 꼬마 판다의 가족사진을 찍어주기도 합니다.

아이들은 꼬마 판다에게 좋은 가족이 되어줄 것을 약속해봅니다. 그런데 그것이 끝이 아니었습니다.

"자, 그럼 1번 친구부터 꼬마 판다를 집으로 데리고 갈 거예요. 우리 가족들에게 꼬마 판다가 왜 혼자 남게 되었는지 이야기해주세요. 그리고 우리 가족에게도 꼬마 판다의 가족이 되어달라고 부탁하세요. 꼬마 판다의 대나무숲을 보호하기 위해, 작은 동물들의 보금자리를 지켜주기 위해 가족끼리 노력할 행동을 한 가지씩만 정해오세요."

그렇게 아이들은 작은 선생님이 되어 꼬마 판다가 혼자 남게 된 이유를 설명해주고 우리 가족이 판다와 같은 동물들을 도울 수 있는 새로운 가족이 되어주자고 가족들에게 제안하게 되었습니다.

사실 선생님은 부모님들께 꼬마 판다가 집으로 찾아갈 예정이라는 것을 미리 안내해주셨습니다. 그리고 가족들에게 괜찮은 날짜인지도 물어 계획을 세워두셨지요. 꼭 가족 모두가 꼬마 판다의 가족사진을 함께 찍어주지는 않아도 괜찮습니다. 바쁜 가족들은 대신 한 사람만이라도 동참하게 하면 됩니다. 우리 집에서 나 혼자 꼬마 판다의 가족사진을 찍어도 됩니다. 중요한 것은 꼬마 판다의 이야기를 가족들에게 전하고 우리 가족 모두가 꼬마 판다와 같이 서식지를 잃은 동물들을 돕기로 약속하는 과정입니다.

생김새도 생각도 다른 아이들은 저마다의 개성을 살려 꼬마 판다의 가족사진을 찍어주었습니다. 하루하루 지날 때마다 꼬마 판다에게는 멋진 가족사진이 생깁니다. 선생님은 친구들이 찍어 온 가족사진 파일을 모아 꼬마 판다의 새로운 가족사진 앨범을 만들어주었습니다.

덕분에 아이들은 꼬마 판다를 집으로 데려가는 날을 손꼽아 기다립니다. 날짜 조정이 필요한 친구들과 순서를 바꿔주며 친구들끼리 배려하기도 실천합니다. 사진을 찍고 가족끼리의 약속을 발표할 때마다 서로 격려해줍니다. 친구들의 발표를 듣다 보면 '저런 행동도 꼬마 판다에게 도움이 될 수 있구나'하고 알게 됩니다.

에어컨을 가동 중인데도 문을 잘 닫고 다니지 않아 선생님의 잔소리를 듣던 친구들도 8월 22일 에너지의 날에 꼬마 판다가 '나도 우리 가족과 행복하게 살고 싶어'라는 문구와 사진이 교실 앞뒷문에 붙은 다음에는 조금 더 조심하게 되었습니다. 햇귀마을의 친환경행동들은 어느 사이 한 뼘 더 자라게 되었습니다.

그렇게 한 해가 지나가고 선생님은 꼬마 판다에게 한 약속을 잊지 말아달란 부탁과 함께 헤어짐의 선물로 학급 문집을 만들었습니다. 학급 문집에는 꼬마 판다와 찍은 가족사진이, 그리고 우리 가족의 약속이 함께 실려있습니다. 활동 후 쓴 소감을 읽어보니 그날의 마음이 다시 떠오릅니다. 약속을 잘 지키고 있었는지 반성도 해 보고 앞으로 약속을 더 잘 지킬 거란 다짐도 해 봅니다.

꼬마 판다의 새로운 가족이 되어준 햇귀들

**- 환경기념일, 가족과 함께 세계와 연대하기 -**

1학기 말 꼬마 판다 가족사진 프로젝트는 가족과 함께 지구인으로 성장하기의 첫 단계였습니다. 2학기가 시작된 후 본격적인 더 좋은 우리 마을 만들기가 진행되면서 아이들은 다양한 지속가능발전목표들과 만납니다.

유엔이라는 국제기구에서 세계 여러 나라들과 함께 행동하기 위해 만들어졌다는 이 목표들은 지금 우리가 실천하는 작은 행동들이 모여 하나의 커다란 결과를 만들어낼 것이라는 믿음과 세계의 많은 사람들이 함께하고 있다는 연대를 느끼게 해줍니다.

이러한 믿음과 연대를 느끼게 해줄 수 있는 쉬운 방법이 있습니다. 바로 세계 환경기념일을 활용한 수업입니다.

한 달에 한 번씩, 햇귀마을에서는 학급과 지역적 상황을 고려하여 환경기념일을 소개하고 가정에서 함께할 수 있는 연계 활동을 준비합니다.

아이들의 관심과 역량에 따라 환경기념일 활동은 변경될 수도 있고 추가될 수도 있습니다. 중간중간 이어지는 환경기념일들은 연대의 가치를 잊지 않고 쉽게 보이지 않는 결과에 좌절하지 않도록 하는 데 많은 도움을 줍니다.

더 좋은 우리 마을 만들기와 함께 한 세계 철새의 날이나 세계 식량의 날, 세계 도시의 날은 아이들에게 더 좋은 우리 마을을 만들기 위한 특별한 아이디어를 생각해내는 데 도움을 주기도 합니다.

| | 이달의 환경기념일 | 배움활동 | 뚝딱활동 &쓱쓱활동 | 함께활동 (가정연계) |
|---|---|---|---|---|
| 3월 22일 | 세계 물의 날 | 물의 소중함<br>카드 뉴스 | 양치 컵을 사용해요 | 화장실의 보물<br>500㎖ 페트병 |
| 4월 22일 | 지구의 날 | 극한 기상현상<br>지구가 보내는 SOS | 불이 꺼지면<br>무엇을 할까? | 소등 행사 참여하기 |
| 5월 31일 | 바다의 날 | 무엇이든 주는 바다<br>급식에서 수산물 찾기 | 바다 사랑 선서 | 저 바다에 누워<br>마인드맵 |
| 6월 5일 | 환경의 날 | 모두 생명이야<br>나와 환경과의 관계 | 휴지심 나무로<br>초록 도시 만들기 | 우리 집 옆<br>반려식물 |
| 7월 3일 | 비닐봉지 없는 날 | 플라스틱<br>썩지 않는 쓰레기 | 내 에코백은 몇 살? | 우리 집<br>장바구니 나눔 |
| 8월 22일 | 에너지의 날 | 신재생에너지<br>우리 학교 에너지 도둑은? | 잠시 쉬게 해주세요<br>스티커 만들기 | 탄소포인트제 가입 |
| 9월 6일 | 자원순환의 날 | 쓰레기는 어디로?<br>보드게임 | 바른 분리배출방법<br>입체종이북 | 분리배출 규칙<br>정하기 |
| 10월 16일 | 식량의 날 | 푸드마일리지<br>맛있는 과일의 숨은 이야기 | 허니컴페이퍼로<br>계절과일 만들기 | 우리 가족<br>초록밥상 도전기 |
| 11월 넷째 주 금요일 | 아무것도 사지 않는 날 | 현명한 소비생활<br>내 가방(필통) 파헤치기 | 나만의 당근마켓<br>디자인 | 필요와 욕구<br>가족 판단왕 |
| 12월 5일 | 세계산의 날 | 생태계서비스<br>산이 우리에게 주는 것 | 줍깅 계획서 만들기 | 운동하고!<br>줍깅하고! |

햇귀마을의 열두 달 GREEN 이야기의 예

환경기념일은 제정된 시기도, 만들어진 이유도, 추구하는 가치와 이해를 위해 필요한 개념도 모두 다릅니다. 다양한 환경기념일은 우리가 놓치기 쉬운 중요한 메시지를 상기시키고 우리가 지향해야 할 가치를 향해 함께 나아갈 것을 이야기합니다. 요즘은 다양한 매체에서 환경기념일 행사 안내와 카드 뉴스, 동영상 등을 공유해주고 있어 수업을 따로 준비하지 않아도 많은 자료를 아이들과 나눌 수 있습니다.

이때, 햇귀마을에서는 환경기념일을 연계한 수업에서, '뚝딱 활동& 쓱쓱 활동'이라는 조작 활동을 함께합니다. 아이들이 직접 가족들과 함께할 가정연계 활동에 활용할 수 있는 활동자료를 만들어보는 것입니다.

뚝딱활동으로 만든 환경기념일 활동자료

가정연계 활동은 '함께 활동'이라는 제목으로 활동지를 활용합니다. 아이들은 학교에서 배운 환경기념일을 소개하고 만들어간 뚝딱활동 결과물로 가족들에게 함께 할 행동을 설명해야 합니다. 활동지에는 아이들이 설명하기 어려운 개념이나 가족과 함께할 활동에 대한 자세한 방법, 성공적인 활동을 하기 위한 꿀팁, 유의사항 등이 안내되어 있고, 활동 후 소감을 나눌 수 있는 공간이 마련되어 있습니다.

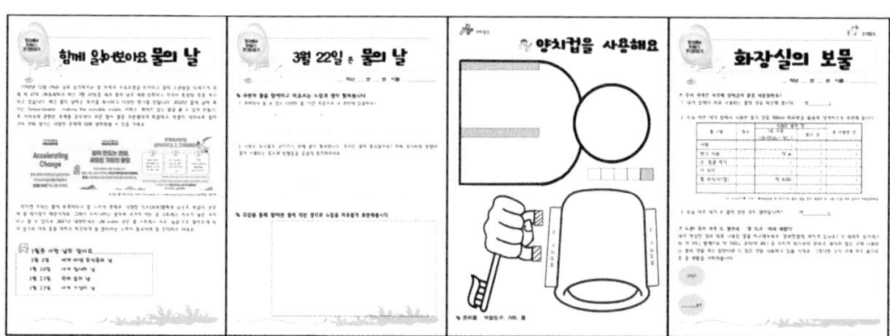


환경기념일 배움활동, 뚝딱활동, 함께활동의 활동지 예시

가정연계활동에서 아이들은 자연스럽게 활동을 주도해야 합니다. 배운 것을 어떻게든 꺼내어야 하지요. 그 과정에서 배움을 소화하고 창의적으로 해석하며 상황에 따라 융통성 있게 역량을 발휘하는 주도적인 환경행동을 연습할 수 있습니다. 이쯤 되면 학부모님께서도 환경에 대해 관심을 안 가질 수가 없지요. 아이들이 각 가정의 환경대사(Environment Ambassador)가 되었기 때문입니다.

환경기념일을 활용한 가정연계활동으로 지속 가능한 삶의 방식을 아이들의 일상으로 이어주려는 담임에게 학부모 공개수업일은 아주 반가운 학교행사입니다.

2학기 학부모 공개 수업이 있던 날, 햇귀마을에는 북극에서 온 커다란 택배 상자가 배달되었습니다. 상자 속에는 엄마 곰의 손편지와 함께 아기 북극곰이 잠들어있었습니다.

엄마 북극곰의 편지에는 북극 빙하가 많이 녹고 있어 더 이상 아기 북극곰을 키울 수 없게 되었다는 것, 꼬마 판다를 위해 노력하는 친구들이 있다는 소식을 들은 것, 그래서 그 친구들에게 아기 북극곰을 잠시 맡기기로 했다는 것, 다시 북극이 안전한 곳이 되면 아기 북극곰을 찾으러 오겠다는 말이 쓰여 있었습니다.

아이들은 아기 북극곰이 안쓰러우면서도 반가웠습니다. 수업을 참관하러 온 가족들과 함께 아기 북극곰을 도울 방법을 생각해보았습니다. 그리고 하얀 이면지에 아기 북극곰을 엄마에게 돌려보내기 위한 가족들의 약속을 한 가지씩 적어보았습니다.

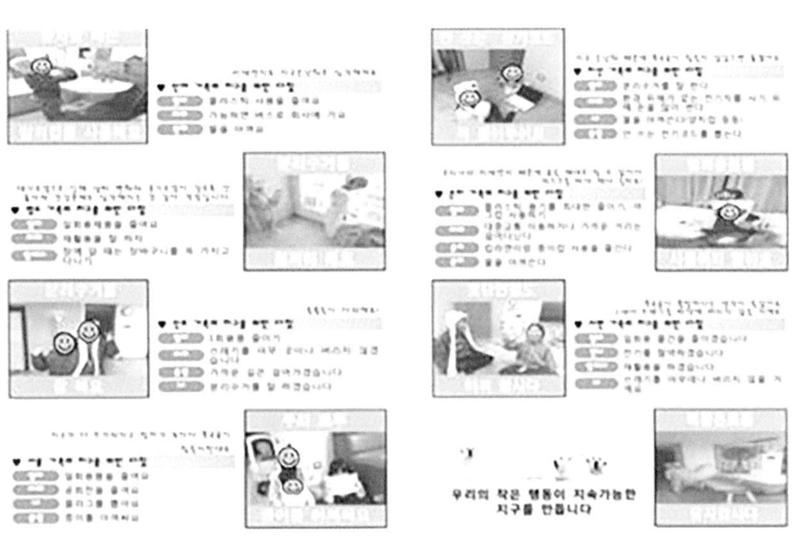


햇귀마을 문집에 담긴 '아기 북극곰을 엄마 품으로'

이면지는 아기 북극곰이 잠든 곳에 하나씩 하나씩 놓아 커다란 빙하를 만들어주는 퍼포먼스를 해보기도 하였습니다. 우리의 약속이 충

실히 이행된다면 아기 북극곰은 조만간 엄마에게 돌아갈 수 있지 않을까요?

수업을 지켜본 부모님들은 꼬마 판다가 집에 왔을 때보다 더 많은 책임감을 느꼈다고 합니다. 더 좋은 우리 마을 만들기에서 모두가 살기 좋은 우리 지구 만들기로 넘어가는 계기가 된 것입니다.

아기 북극곰 역시 꼬마 판다처럼 각 가정에 보내졌습니다. 이번엔 인형이 아닌 모자의 형태였습니다. 가족 중 누군가 곰 모자를 쓰고 아기 북극곰이 되어 우리가 약속을 지키는 모습을 기쁜 얼굴로 지켜보거나 아기 북극곰이 된 가족을 위로해주는 모습이 캠페인에 활용될 사진으로 담겼습니다.

마지막으로 아이들과 가족들은 11월 넷째 주 금요일 '아무것도 사지 않는 날'에 동참하게 되었습니다. 우리 가족의 현명한 소비가 아기 북극곰을 엄마 곰에게 돌려보내기 위한 중요한 행동임을 이야기하며, 아무것도 사지 않는 날을 하루의 기념일이 아닌 지속 가능한 소비의 시작으로 만들어보기로 약속합니다.

만약 처음부터 북극곰과 북극 빙하의 위기가 아이들과 가족들에게 던져졌다면 그것은 정말 과제를 위한 활동이 되었을 것입니다. 하지만 꼬마 판다의 새로운 가족이 되어주고, 그 활동에 대한 소문으로 아기 북극곰이 배달되고. 지구적인 환경문제에 대해 어떤 행동이든 할 수 있음을 깨닫고 실천하게 된 아이들은 가족들과 함께 꽤나 진심이 되어 환경행동 실천에 열을 올렸습니다. 선생님이 맺어준 작은 관계가 지구

마을 한 가족이라는 커다란 관계로 성장하게 된 것입니다.

그렇게 학교와 가정과의 연계 활동은 지속 가능한 환경교육을 만듭니다. 환경수업마다 학교에서의 활동으로 마치는 것이 아니라 가족과 새로운 시작의 계기가 될 수 있도록 하나의 활동을 더하는 것이지요. 지속 가능한 삶의 방식이 아이들의 일상을 되기 위해서는 가족과 함께해야 더 효과적이기 때문입니다. 충분한 연습 없이는 앎이 행함으로 이어지기 어렵습니다. 학교의 배움이 가정의 실천으로 이어져 일상에서 지속 가능한 삶의 역량이 계속 연습 되어야 상황에 따라 필요한 역량을 적절하게 발휘할 수 있습니다.

환경기념일 계기 교육으로 학교에서는 친구들과 함께 행하고 가정에서는 가족들과 함께 격려하며 서로의 실천을 응원해줍니다. 많은 사람들과 함께하고 있음을 느끼는 경험은 어떠한 일을 쉽게 잊어버리거나 포기하지 않게 도와줍니다. 처음에는 의식적으로 실천했던 행동들이 조금씩 무의식적인 습관이 됩니다. 배움은 학교에서 멈추지 않고 일상이 되어 삶으로 파고듭니다. 그렇게 하나의 수업이었던 환경교육은 가족들과 함께 아이들의 삶이 됩니다. 책임 있는 미래시민들은 막 지구인으로 성장하기 시작했습니다.

## 수업 기획: 우리 학교에서 세계와 연대하기

우리 학교와 마을공동체가 잘 달성할 수 있는 K-SDGs는? 더 필요하다고 생각되는 SDGs는? 우리 학교의 강점(S), 약점(W), 기회(O), 위협요소(T)를 분석하여 비교적 노력하기 쉬운 목표와 어렵지만 지향해야 할 목표를 선정해 보세요.

| Strengths | Weaknesses | Opportunities | Threats |
|---|---|---|---|
| 예: 탄소중립시범학교 운영 경험 ⑬ | | 예: 실내 정원 조성 계획 ⑮ | |

- 선정된 목표 중 교육과정에서 이미 다루고 있는 목표들을 찾을 수 있다면 목표별로 요목화하여 교육과정을 재구성할 수 있습니다.

##  우리 학교 SDGs No.17 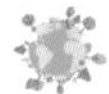

| | | | | | |
|---|---|---|---|---|---|
| 1 빈곤층감소와 사회안전망 강화 | 2 식량안보 및 지속가능한 농업 강화 | 3 건강하고 행복한 삶 보장 | 4 모두를 위한 양질의 교육 | 5 성평등 보장 | 6 건강하고 안전한 물 관리 |
| 7 에너지의 친환경적인 생산과 소비 | 8 좋은 일자리 확대와 경제적 성장 | 9 산업 성장과 혁신 활성화 및 사회기반시설 구축 | 10 모든 종류의 불평등 해소 | 11 지속가능한 도시와 주거지 조성 | 12 지속가능한 생산과 소비 |
| 13 기후변화와 대응 | 14 해양생태계 보전 | 15 육상생태계 보전 | 16 평화·정의·포용 | 17 지구촌 협력 강화 | 국가지속가능발전목표 (K-SDGs) |

국가지속가능발전목표(K-SDGs)로 우리 학교만의 SDGs 도전하기

1.
2.
3.
4.
5.
6.
7.
8.
9.
10.
11.
12.
13.
14.
15.
16.
17.

예) 서로 돕는 교육공동체 만들기

- 학교 구성원이 원하는 목표를 중심으로 확대해나갈 수 있습니다.
- 일정 기간을 설정하여 하나씩 알아보는 활동을 이어갈 수 있습니다.

다양한 환경기념일 중 우리 학교에서 비교적 쉽게 실천할 수 있는 날을 골라 간단한 프로젝트를 설계해봅시다.

- 2월 2일: 세계 습지의 날
- 3월 3일: 세계 야생 동식물의 날
- 3월 20일: 세계 참새의 날
- 3월 21일: 국제 숲의 날
- 3월 22일: 세계 물의 날
- 3월 23일: 세계 기상의 날
- 4월 4일: 종이 안 쓰는 날
- 4월 5일: 식목일
- 4월 22일: 지구의 날
- 4월 24일: 세계 실험동물의 날
- 4월 25일: 세계 펭귄의 날
- 5월 첫째 주 일요일: 국제 농부 문화의 날
- 5월 둘째 주 토요일: 세계 공정 무역의 날
- 5월 10일: 바다식목일의 날
- 5월 12일: 세계 식물건강의 날
- 5월 20일: 세계 벌의 날
- 5월 22일: 국제 생물 다양성의 날
- 5월 23일: 세계 거북의 날
- 5월 31일: 바다의 날(우리나라)
- 6월 3일: 세계 자전거의 날
- 6월 5일: 환경의 날
- 6월 8일: 세계 해양의 날
- 6월 17일: 세계 사막화 방지의 날
- 6월 20일: 세계 난민의 날
- 6월 28일: 철도의 날
- 7월 3일: 세계 일회용 비닐봉투 없는 날
- 7월 26일: 세계 맹그로브 생태계 보존의 날
- 7월 29일: 국제 호랑이의 날
- 8월 8일: 국제 고양이의 날
- 8월 10일: 세계 사자의 날
- 8월 12일: 세계 코끼리의 날
- 8월 22일: 에너지의 날
- 9월 6일: 자원순환의 날
- 9월 7일: 푸른 하늘의 날
- 9월 16일: 국제오존층 보호의날
- 9월 셋째 주 토요일: 국제 연안 정화의 날
- 9월 22일 세계: 코뿔소의 날, 세계 차 없는 날
- 9월 9일: 음식물 쓰레기의 날(덴마크)
- 10월 1일: 세계 채식인의 날
- 10월 둘째 주 토요일: 세계 철새의 날
- 10월 16일: 세계 식량의 날
- 10월 17일: 국제 빈곤 퇴치의 날
- 10월 21일: 세계 지렁이의 날
- 10월 31일: 세계 도시의 날
- 11월 19일: 세계 화장실의 날
- 11월 넷째 주 금요일: 아무것도 사지 않는 날
- 12월 5일: 세계 토양의 날
- 12월 11일: 국제 산의 날

– 환경기념일은 각 영역에서 언제든 활용될 수 있습니다.

– 프로젝트 설계할 때 쉽게 참여 가능한 환경기념일 행사를 활용하세요.

프로젝트명:

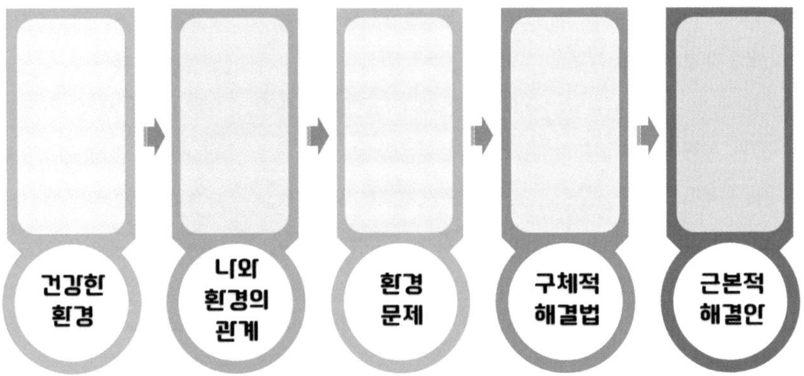

4장

# 나만의 브랜드, 지속 가능한 환경수업

# 4장 나만의 브랜드, 지속 가능한 환경수업

: 나의 수업이 지속 가능한 삶의 계기가 되길 바라며

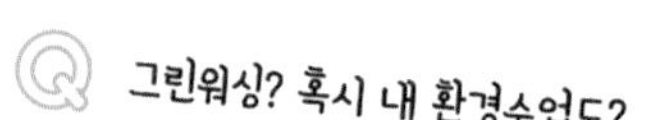


보기 좋은 환경교육이 아닌 지속가능성의 가치를 담은 환경교육이어야 합니다.

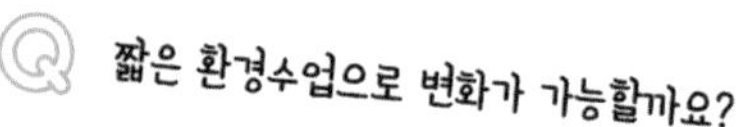


환경교육은 모든 곳에서 일어납니다. 변화할 수 있는 계기를 만들어주시면 됩니다.

모두를 위한 환경교육, 잘 하고 싶어요.

좋아하는 활동, 자신 있는 수업, 선생님의 삶에서 시작하면 됩니다.

그린워싱이라는 단어를 들어본 적이 있나요? 실제로는 친환경적이지 않지만 마치 친환경적인 것처럼 덧씌우는 것을 말합니다. 예컨대 기업이 생산 과정에서 발생하는 환경오염 문제는 외면하고 재활용 등의 일부분만을 강조하여 마치 친환경인 것처럼 미화하는 것이 대표적인 그린워싱이지요.

기후 위기의 근본적인 해결책으로써 교육의 역할이 중요해진 만큼 교육의 본질적 가치를 담은 지속 가능한 학교 환경교육을 고민할 필요가 있습니다. 어떤 환경을 문제를 해결하는 것이 목적이 아니라, 선생님과 함께 한 수업을 계기로 무심코 지나쳤던 일상에서 지속 가능한 삶의 방식을 고민하게 하고, 그러한 삶의 방식을 꾸준히 연습하여 스스로 체득할 기회를 주는 수업이 지속 가능한 환경교육이라고 생각합니다.

나의 환경수업은 정말 지속 가능한 가치를 담고 있을까요? 아이들에게 지속 가능한 삶의 방식을 고민할 수 있게 해주었을까요? 2022 개정 교육과정 총론에서 이야기한 생태전환교육은 우리 사회시스템의 생태적 전환을 위한 교육이라는 의미가 있기도 하지만, 교육 자체의 생태적 전환이라는 의미도 함께 포함하고 있습니다. 교육 자체의 생태적 전환을 위해 교사로서 우리는 진정한 지속가능성의 가치를 담은 교육을 실행하고 있는지, 내 수업이 그린워싱된 것은 아닌지 면밀하게 살펴볼 필요가 있습니다.

이면지, 색색의 플라스틱 병뚜껑, A4용지가 담겼던 상자, 급식실에서 씻어둔 요구르트병, 휴지심, 과일 포장지, 다 쓴 클레이통 등 햇귀마을에는 언제든 만들기 수업을 위해 쓸 수 있는 재활용품이 모여있습니다. 재활용품을 활용한 만들기를 언제든지 할 수 있도록 말이죠.

그러나 만들기 수업 후 교실 쓰레기통을 보는 순간, 재활용품을 활용한 만들기 수업이 정말 필요한가를 다시 생각하게 됩니다. 교과에서의 배움목표를 생각하며 애써 외면해봅니다만, 한숨이 나오는 것은 어쩔 수 없습니다.

그렇게 언제부터인가 쓰레기양을 줄일 수 있는 만들기 수업은 없을까를 고민하게 되었습니다. 고민해보니 어느 순간 답이 나오더군요. 재활용품을 활용하는 대신 쓰레기를 만들지 않는 만들기 수업을 기획하게 된 것입니다.

쓰레기양을 획기적으로 줄이기 위해 만들기 재료 자체를 바꾸어 보았습니다. 작은 상자, 요구르트병, 빨대, 색상지 등으로 꾸몄던 우리 집 만들기를 우리 교실에 있는 물건을 활용하여 만들어보도록 한 것입니다. 아이들은 금방 반짝거리는 아이디어로 다양한 집을 만들어냅니다. 바둑판은 방바닥이 되고 교실에서 키우던 개운죽은 화단이 되었습니다. 쉬는 시간에 가지고 놀던 블록으로 침대도 만들고 식탁도 만들고 의자도 만듭니다. 보드게임에서 사용하던 카드들도 꾸미기 재료가 됩니다. 바둑알과 공깃돌은 연못으로 꾸몄고요, 방석이 되기도 하였습니다. 가지고 있던 손수건으로 커튼과 이불로 활용합니다. 지우개는 베개가 되었고요. 책은 세워서 벽면을 만들었습니다.

재활용품 대신 교실 물건으로 만든 우리 집

한바탕 즐겁게 우리 집 만들기를 한 친구들은 선생님이 찍어준 사진으로 작품의 흔적을 남깁니다. 돌아다니며 다른 모둠의 작품들도 감상해보고요, 선생님이 찍어준 사진을 화면에 띄워 서로 잘한 점을 칭찬해주기도 합니다. 모든 활동을 마친 후 활용한 물건들은 다 제자리로 돌아갑니다. 교실 쓰레기통에는 아무것도 버려지지 않았습니다. 만들기 수업은 이것으로 마무리되지 않고, 색다른 환경수업으로 이어집니다.

재활용품을 이용해 만들기를 했던 어느 날의 쓰레기통 사진과 오늘 활동이 끝난 후 쓰레기통 사진을 비교하여 보여주었습니다. 한 시간을 온전히 할애하여 우리가 어떤 재료를 선택하고, 어떤 방법으로 수업하느냐에 따라 하루에 발생하는 쓰레기양이 달라짐을 가시적으로 보여주고 느낌을 이야기할 수 있도록 하였습니다. 우리의 꼭 배움을 위해 사용하는 재료들을 바꾸고, 그 작은 바꿈으로 쓰레기를 줄일 수 있는 다른 일이 있는지 찾아보고 모둠끼리 방법을 고민하여 실천해보기로 합니다.

교육 자체의 생태적 전환이라는 거창한 수식어가 아니더라도 내 수업에서의 생태적 전환은 교사가 '그냥 지나치던 문제를 문제라고 인식하는 순간'에서 이미 시작됩니다. 좋은 해결책을 찾아내는 데까지 걸리는 시간의 정도만 다를 뿐, 문제를 인식하는 순간 이미 해결을 위한 작은 아이디어들은 깨어날 준비를 마쳤습니다. 창의력을 발휘해야 하는 것은 아이들만이 아닙니다. 내 수업의 생태적 전환을 위해 교사는 많은 것을 고려하여 만들기 재료에 대한 학급 규칙을 만들 수 있습니다.

우선 우리 학급만의 수업자료 사용 기준을 만들 수 있습니다. 만들기 재료의 나눔부터 최소한의 기준을 잡아 배부합니다. 색종이나 클레이, 스티커 등 요즘 친구들에게는 귀한 학용품이 아니라서 조금 쓰다 남은 것도 다시 쓰려고 하지 않으려 하기 때문입니다. 재료를 넉넉히 나누어준 후, 남은 물건은 사물함에 보관해서 다음 수업에 다시 쓰라고 해도 보관을 잘못해서 다시 쓰지 못하게 되거나 잃어버리는 등 잘되지 않는 경우가 대부분이지요.

저는 최소한 필요한 만큼의 분량을 예상하여 나눠준 후에는 부족한 사람은 모둠에서 나눠 쓰게끔 합니다. 그렇게 해도 재료가 더 필요한 사람은 앞쪽에 여분을 주고 필요한 만큼만 가져다 쓸 수 있도록 시스템을 만들어둡니다. 부족하다고 더 가져가서 쓰지 않고 버리거나 가져가는 과정에서 마구 헤집어놓아 다른 사람이 쓰지 못할 재료로 만드는 경우, 다른 재료를 포기해야 하는 페널티 규칙도 만들어둡니다. 그리고 그렇게 규칙을 만든 이유도 아이들에게 매번 설명해줍니다. 선생님과 환경에 대해 배워가며 이면지를 활용하는 것이 당연해지고, 학용품을 아껴 쓰는 것에 익숙해지는 데는 어느 정도 시간이 걸립니다. 그런 학급 문화가 만들어지기까지 흔한 것을 귀하게 여기길 바라는 마음은 욕심일 수 있습니다.

교사는 수업을 설계하는 많은 권한을 가졌습니다. 수업재료의 선택부터 수업의 방법, 수업 시기 등을 환경적 관점에서 고려하는 것만으로도 환경교육을 위한 시수를 확보하거나 정규수업을 준비하지 않고도 그 자체가 환경교육이 되는 놀라운 경험을 할 수 있습니다. 지속 가능한 삶을 연습할 수 있도록 배려된 선생님의 수업, 우리 모두의 미래를 위한 시작이 될 수 있습니다.

진짜 환경수업, 나만의 노하우를 겹겹이 쌓아 만드는 환경수업. 아이들과 함께 생각하고 준비하는 환경수업. 환경수업도 업사이클링이 필요합니다. '진짜 에코백을 찾아가는 십년지기 이야기'를 통해 지속 가능한 환경수업을 어떻게 만들어갈 수 있는지 살펴봅시다.

## 1. 내 환경수업, 혹시 그린워싱?

### 수업으로 살펴보기 진짜 에코백을 찾아가는 십년지기 이야기

약 이십 년 전, 아이들과 첫 야생화 수업을 진행하면서 만들었던 천 가방은 에코백의 기능을 생각한 것은 아니었습니다. 일주일에 서너 번, 야생화와 만나러 야외수업을 나가면 갖가지 필기구가 실내화 가방 밑바닥에 굴러다녔고 심지어 계속 학용품을 잃어버리는 경우가 많아 이를 예방하는 차원에서 만들었던 것이지요.

초등학교 아이들이 몇 가지 필기구를 넣어 쉽게 들고 다닐 수 있는 야외수업용 가방, 한 사람마다 분신처럼 짝지어 준 야생화를 그려 넣어 애착을 더한 보조 가방이 초기의 천 가방이었습니다. 학급 예산이 많지 않았던 그때, 선생님의 고민을 아는지 모르는지 나만의 야생화가 그려진 천 가방을 이십 년 전 아이들은 무척 아꼈던 거 같습니다. 때가 묻어 시꺼멓게 변한 손잡이를 타박할 때마다 "빨면 꽃 그림이 연해지잖아요?!"라며 밉지 않은 핑계가 따라왔습니다.

아이들이 제가 그린 작품에 얼마나 많은 애착을 가지는지 머리로만 이해하던 선생님도 시간이 지나 한 아이의 엄마가 되었습니다. 고사리 손으로 삐죽빼죽 그린 꽃이 덧그려진 만들기 작품들이 하나둘 늘어날 때마다 곤란을 느끼면서도 그것을 버리지 못하게 되어서야, 때 묻었던 천 가방을 사수하던 아이들의 마음을 제대로 이해하게 되었습니다.

당시 에코백의 등장은 환경을 위해 편리함을 더해 세상을 떠들썩하게 만들었지요. 대형마트의 커다랗고 튼튼한 장바구니부터 어느 순간 전단지와 함께 돌려지는 얇은 딱지 지갑형 장바구니까지. 누가 이런 생각을 했을까? 신통방통하였습니다. 학년 초 수업준비물을 고민할 때마다 선택할 수 있는 천 가방의 형태와 크기가 다양해지고 가격도 점점 착해졌습니다. 나름 전문적으로 환경교육을 공부하고 오랫동안 아이들과 실천하고 있는 것에 자부심을 느끼고 있던 제 수업에서도 나만의 장바구니 만들기는 매년 빠지지 않는 아이템이 되었습니다.

하지만 과유불급이라 했던가요? 에코백이 신나게 활개 칠수록 세상을 깊이 들여다보던 사람들은 뭔가 잘못되었다는 것을 느끼기 시작했습니다. 2011년 영국 환경청의 실시한 평가에서는 종이봉투는 3번 이상, 천 가방은 무려 131번은 사용해야 일회용 비닐봉지보다 환경적으로 낫다는 결과가 나왔습니다. 저 역시 '에코백이 진짜 에코(Eco)한 백일까?' 의문을 품기 시작했지만, 제 손으로 만든 장바구니에 애착을 보이는 아이들의 모습에 이 문제를 깊게 고민하지 않고 지나쳤습니다.

수업에서 만들어지는 장바구니의 문제를 느끼기 시작한 건 장바구니가 쉽게 만들어지고 쉽게 버려진다는 뉴스 기사 때문이 아니었습니다. 수업 결과물(에코백과 같이 학교에서 만든 작품)을 아이들 손에 들려 보내는 교사의 입장이 아닌 받아보는 학부모가 되고 나서야 에코백 문제의 심각성을 체감하였습니다. 1학년에 입학한 딸아이의 손에 하나둘 장바구니가 들려 돌아올 때마다, 애지중지하던 장바구니가 천덕꾸러기가 되는 시간이 짧아지는 것을 볼 때마다 '내 수업에서 만들어진 장바구니들도 집에서는 크게 환영받지 못하고 어딘가 굴러다니겠구나…….' 싶었습니다.

시간이 흐르고 '기후변화'가 '기후 위기'라 불리게 된 동안 환경교육에 몸담고 있던 만큼 환경행사에 참여하는 일이 많아지니 받아서 쓰지 않는 기념품도 많아졌습니다. 기념품임을 증명하는 로고가 박혀 친하지 않으면 나눌 수도 없는, 나눠줘도 반갑지 않고 쓰이지 않는 텀블러가 쌓여가고, 다양한 재질과 크기의 장바구니가 차곡차곡 접혀 구석에 박힙니다. 그렇게 쓰레기는 아니나 무용하여 천덕꾸러기가 된 장바구니가 우리 집 어딘가에 꽤 많이 쌓여있는 걸 보게 되었습니다.

'적어도 내 수업에서만큼은 예쁜 쓰레기를 만들지 말자.' 하는 마음으로 대대적인 수업 업사이클링에 들어갑니다. '도전! 10년 사용하기'는 그렇게 시작되었습니다. 어느 해, 공익광고에서 일회용품 문제를 이야기하던 아이들은 우리가 가장 많이 쓰는 일회용품으로 마트에서 사용하는 비닐봉투를 사용한 경험을 나누게 됩니다. 마트에서 일회용 비닐봉투를 쓰지 않기 위해 장바구니를 가지고 다녀야 한다는 이야기도 쉽게 나옵니다. 이미 장바구니를 가지고 있는 가정이 대부분이기에 물건을 넣어 다닐 수 있는 다른 장바구니를 만들어보기로 합니다.

선생님은 우선 장바구니의 크기가 줄었습니다. 필기구가 들어가는 크기 정도의 작은 소지품을 넣어 다닐 수 있는 주머니로 선택하였습니다. 보조 가방은 이미 가지고 있는 아이들이 많았고, 실제로 아이들이 오래 사용하려면 겉으로 들고 다니는 가방보다 속주머니로 사용하는 작은 주머니가 도움될 거라는 생각 때문이었습니다.

진짜 실천을 위해 나만의 야생화를 그리던 장바구니 꾸며보기 방법도 달라졌습니다. 수학 교과에 여러 가지 모양으로 무늬 꾸미는 활동을 가져와 주머니를 꾸미는데 어떤 무늬든 상관없이 색칠하지 않고 외곽선만 있도록 10개를 그렸습니다. 선생님과 아이들은 한 학년이 올라갈 때마다 무늬 하나씩을 색칠하기로 약속합니다. 한 해에 하나씩 색칠하여 다 색칠하면 선생님에게 인증샷도 찍어 보내기로 하였습니다.

자신감을 내비치는 친구들부터 10년 후 선생님이 건강할지를 걱정하는 엉뚱한 녀석들까지 아이들의 생각지도 않은 새로운 도전과제에 저마다의 반응을 보였습니다.

"선생님, 10년 후에도 살아 계세요?"

아이고, 선생님께 쓰는 편지 끝부분에 '선생님, 오래오래 사세요'는 그냥 쓴 말이 아니었습니다. 아이들은 정말 십 년 후 선생님의 생사가 걱정되었나 봅니다. 아이들에게 10년이란 시간이 얼마나 긴 시간인지를 다시 한 번 생각해보게 합니다.

'오래 쓴다'라는 상징적인 의미에서 설정한 10년이었지만, 아이들에게 10년은 정말 긴 시간입니다. 고작 아홉 해를 살아온 2학년인 아이들에게는 살아온 날보다 10년이라는 세월이 더 깁니다. 어쩌면 이 아이들에게 10년은 평생을 써보라는 이야기와 같지 않았을까요? 올망

졸망 모여있는 하트 무늬 10개, 물고기 10마리, 육각형으로 그려진 포도송이 10알을 보며 진짜 할 수 있을까, 얼마나 할 수 있을까 하는 걱정이 듭니다. 반려동물부터 반려식물까지 유행하는 요즘 '반려 주머니 하나쯤 만들어도 괜찮겠다'며 장바구니 10년 쓰기 도전 활동을 제안한 선생님에게 아이들은 또 하나의 고민을 남깁니다.

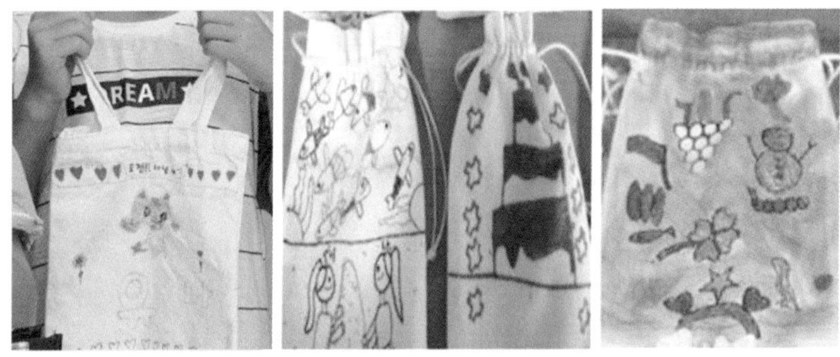


선생님의 10년 후 건강을 걱정하게 만든 '도전! 10년 사용하기'

자, 호기로웠습니다. 그해의 아이들에게는 10년 후 장바구니를 갖고 선생님을 찾아오면 맛난 저녁 함께 먹기, 초등학교 졸업하는 날 중간 점검으로 5개 색칠된 장바구니를 갖고 찾아오면 졸업 선물을 하나씩 주기로 약속하고 선생님과 헤어진 후에도 실천할 수 있도록 나름의 동기를 부여하였습니다.

자자, 다음 해 심기일전하고 다시 수업을 업사이클링합니다.

주요 수업의 흐름은 비슷합니다만, 일회성 수업이었던 장바구니 만들기 수업을 프로젝트화합니다. 2학년 통합교과에서 물가 친구를 배우고 도와주는 수업을 가져와 물가 친구를 괴롭히는 일회용품을 덜 쓰기 위한 장바구니의 필요성을 이야기합니다. 또한 물가 친구 중에서도 자기환경화를 강화하기 위해 우리 마을 여기저기에 모형을 세워둔 재두루미를 선정해 물가 친구와 라포를 깊이 형성하게 합니다. 장바구니 만들기 수업은 우리 마을 재두루미를 돕는 활동으로 변신하였습니다.

이번 수업 업사이클링의 방점은 장바구니를 만들되 새 장바구니를 사지 않는 것입니다. 그럼 만들기 활동을 위한 장바구니는 어디에서 가져왔을까요? 바로 우리 집입니다.

장바구니 만들기 활동 전, 아이들은 주말 과제로 가정연계 활동지 한 장을 받았습니다. 주말 과제는 바로 우리 집 구석구석에 숨은 장바구니를 찾는 것입니다. 그냥 찾기만 하는 것이 아닙니다. 찾은 장바구니마다 언제 누구에게 받았는지, 우리 집 어디에 보관이 되어있었는지, 주로 어디에 사용하고 있는지, 혹시 사용하지 않고 있다면 누구에게 나눔하고 싶은지를 적어야 합니다. 우리 집만의 장바구니 활용법, 슬기로운 보관법도 정리해서 발표해야 하지요. 그리고 찾은 장바구니 중에 학교에서 보조 가방으로 쓸만한 장바구니 하나를 교실로 가져와야 합니다.

눈치채셨죠? 바로 교실로 가져온 이 장바구니가 10년 사용하기 도전의 대상이 됩니다. 장바구니를 새로 사서 만들지 않고 각자의 집에 보관된 장바구니를 재사용하는 겁니다. 재사용에 그치지 않고 고사리손으로 아기자기 예쁘게 꾸밉니다. 새활용이 됩니다. 네임펜으로 '도전!

10년 사용하기' 제목도 큼지막하게 넣고 10년 동안의 노력을 눈으로 계속 확인하여 실천 의지를 유지할 수 있도록 외곽선으로만 된 무늬도 10개를 그립니다. 만든 작품은 친구들에게 자랑도 하고요, 포부를 담아 사진도 찍어둡니다.

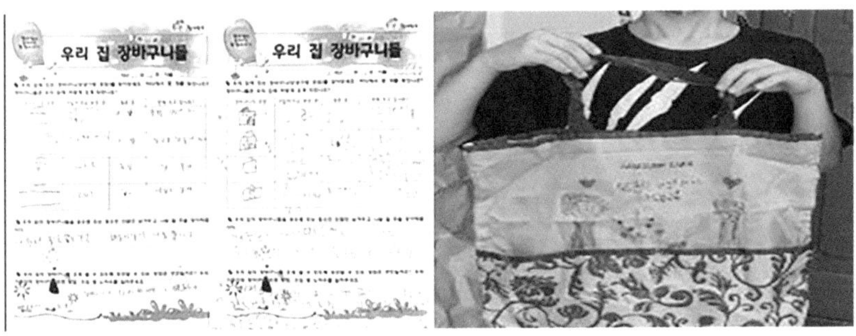


주말 과제 내용도 재잘재잘 모둠끼리 앉아 이야기 나눕니다. 얻게 된 경로도 다양하고 장바구니의 크기와 재질에 따라 사용되는 용도도 조금씩 다릅니다. 일부러 구매한 튼튼한 장바구니부터 새로 오픈한 가게 홍보할 때 받은 얇은 장바구니까지, 어떻게 사용하면 좋은지 노하우도 나누고 가정에서 쓰지 않고 보관만 한 장바구니는 돌아오는 주말에 누구누구에게 진짜 선물로 줄 거란 계획도 이야기합니다.

마지막으로(사실 이게 가장 중요하다고 이야기해줍니다) 선생님은 만약 어디에선가 장바구니를 기념품으로 주면 "우리 집에는 더 이상 필요 없어요", "마음만 받을게요."하고 거절할 수도 있다는 것을 이야기해줍니다. 오래 쓰고 나눠 쓰고 다시 쓰는 것보다 처음부터 용기 내어 필요 없는 것을 필요 없다고, 괜찮다고 거절하는 것이 장바구니를 사용하지 않고도 재두루미를 도울 수 있는 쉬운 방법임을 꼭 집어 이야기해줍니다.

또 한 가지, 이번에는 모두에게 똑같은 10년을 도전하게 하지 않았습니다. 정말 10년 사용하기에 도전해보고 싶은 친구에는 10년 쓰기 규칙을 그대로 적용해 일 년이 지날 때마다-만든 날짜일 수도 있고, 자기 생일도 되고- 한 개씩 색칠하면 되고, 기간이 너무 길다고 생각하는 친구는 한 달에 한 개씩, 혹은 두 달에 한 개씩 색칠해도 괜찮다고 이야기해주었습니다. 중요한 것은 자신만의 목표를 정해 도전에 성공해보고, 또 다른 도전으로 실천을 늘려 가는 것이라는 이야기를 강조해주었지요. 10년 사용하기에 도전해 볼 주변의 물건을 계속 찾게끔 분위기를 조성하고, 한 해 동안 친구들끼리 응원도 해주도록 판도 깔아주었습니다.

2학년 녀석들에게 10년 후 선생님이 건강하게 살아있을지를 걱정시키는 건 안 될 일이니까요.

**- 나만의 지속 가능한 수업으로 업사이클링하기 -**

저는 '도전! 10년 사용하기' 활동을 십년지기(十年之其) 활동이라고 부릅니다.

십년지기, 이 말에 담긴 두 가지 뜻을 찾아내셨나요? 십년지기의 '기(其)' 자는 대나무를 잘라 엮어 만든 바구니를 그린 한자입니다. 여기서 지기(之其)를 지기(知己)로 바꾸면 나의 속마음을 참되게 알아주는 친구같이 오랜 시간을 함께한 벗이라고 이야기할 수도 있습니다.

'오랜 시간을 함께한 벗'처럼 '오래오래 사용한 장바구니'도 나의 삶에서 추억을 함께한 친구가 될 수 있음을 아이들에게 말해주고 싶었습니다. 장바구니와 같은 작은 물건들도 내가 의미를 부여한 만큼 소중해질 수 있다는 것, 낡은 것에는 함께 지내 온 소중한 시간이 묻어 있다는 것. 수업에 담긴 지속가능성의 진짜 가치를 깨달아 스스로 작은 물건이라도 아끼고 서서히 무분별한 소비를 줄여나가는 것을 배워가는 첫걸음을 만들고 싶었습니다.

장바구니가 에코백이란 이름을 가지게 된 것은 무분별하게 쓰이는 일회용 봉투 사용을 줄임으로써 환경에 영향을 덜 끼치겠다는 의도였을 것입니다. 하지만 에코하지 못한 에코백이라는 오명을 얻었지요. 에코하지 못한 에코백이나 예쁘면 다시 사는 신상 텀블러 등은 우리가 지속가능성의 가치를 의미 있게 다루지 않고 겉으로만 성급히 훑어내었을 때 흔하게 발생할 수 있는 실수라고 생각합니다.

내 수업을 생태적으로 전환하여 교사로서 진정한 지속가능성의 가치를 담은 교육을 실행하다 보면 교육 자체의 생태적 전환은 모든 교실에서 일어납니다. 새로운 에코백을 하나 더 만드는 수업이 아닌 집에서 찾은 에코백을 새활용할 수 있게 한 에코백 꾸미기는 '에코백 만들기 수업'을 진짜 지속가능성의 가치를 향해 전환한 것이라 할 수 있습니다.

나의 아이들의 십년지기가 작은 생활용품에서 큰 생활용품으로, 10년이란 상징적인 시간을 넘어 일평생으로 늘어가길 바라봅니다. 그리하여 훗날 그 어디에선가 지속 가능한 생산과 소비라는 지속가능발전목표를 이야기해야 하는 상황을 마주했을 때 제대로 된 의미를 스스로 해석하여 바른 선택을 할 수 있기를 소망해봅니다.

환경에 대해서, 환경 안에서, 환경을 위한 수업만이 환경교육이 되는 것은 아닙니다. 수업의 준비와 과정, 그리고 그 결과까지 환경에 해를 끼치지 않도록 지속 가능한 수업을 만들어가는 것 역시 아이들에게는 살아있는 환경교육이 됩니다.

한 사람의 담임교사 체제로 운영하는 초등학교 교실에서는 다양한 모습으로 지속 가능한 수업을 만들어갈 수 있습니다. 지속 가능한 수업의 핵심은 끊임없이 생태계의 한 구성원으로서의 나와 환경의 관계를 일깨우고 지속 가능한 삶의 방식을 연습할 수 있는 활동으로 구성하는 것입니다. 가장 손쉬운 전략은 '덜 쓰고, 다시 쓰고, 자랑하고'입니다. 다양한 모습을 한 수업 사례에서 지속가능성의 가치를 찾아봅시다.

### 1) 쓰고 또 쓰고 다시 쓰는 우드락

학년 초, 어울림 활동으로 1학년 친구들은 하나씩 꽃송이를 만들었습니다. 꽃송이는 더 큰 꽃 모양도 되었다가 구름 모양도 되었다가 자동차 모양도 되었습니다. 우리가 어떻게 하느냐에 따라 꽃송이의 모양은 달라졌습니다. 모양도 크기도 제각기 다른 꽃송이지만 하나의 큰 작품이 되었습니다. 아이들은 올 한 해 꽃송이가 되어 다양하고 멋진 하나의 우리 반을 만들기로 약속합니다.

수업 후 만든 꽃송이는 버려지지 않고 우드락에 나비의 날개 모양으로 붙여졌습니다. 꽃송이 나비 날개 덕에 막 학교에 입학한 1학년 친구들은 비상할 준비를 마친 봄의 나비가 되어봅니다.

우드락과 같은 미술 재료들은 재활용하기 어려운 소재입니다. 한 번 만들기를 하고 나면 덕지덕지 붙어 있는 것도 많아 조각조각 부수어 쓰레기봉투로 버려야 하지요. 하지만 우드락 뒤판은 아직 깨끗합니다. 쓰지 않은 뒤판은 커다란 화분 모양으로 재단되어 교과 활동 중 식물이 씨앗부터 꽃과 열매로 자라나는 모습을 몸으로 표현해보는 수업에 활용되었습니다. 화분이 되었던 우드락은 적당한 크기로 다시 재단되어 한 해 동안 아이들 만들기 작품의 받침대로 사용될 것입니다.

우드락의 변신은 무죄

아이들은 주말 과제로 우드락의 무한 변신 과정을 가족들에게 이야기해보라는 미션을 받았습니다. 활동에서 찍은 멋진 사진은 파일로 가정에게 공유됩니다. 잘 생각나지 않으면 사진을 보면서 가족들에게 그동안의 활동을 자랑할 수 있습니다.

### 2) 우리 학교 화단에서 눈 뜨는 환경적 관점

4월 초, 교정에는 어김없이 산수유가 꽃망울을 터뜨리기 시작했습니다. 학교 화단에서 생명의 소중함을 배우는 햇귀들, 알아야 보이는 신기한 경험을 위해 선생님은 4명을 한 모둠으로 관찰 모둠을 만들었습니다. 그날 만나야 하는 꽃 친구의 이름을 적을 목걸이 수첩, 꽃 친구의 모습을 자세히 관찰할 수 있는 루페, 꽃 친구가 자세히 소개된 도감, 꽃 친구 주변에 떨어진 것들을 모아오는 수집용 칸막이 상자가 배부됩니다.

환경적 관점을 시작하기 위해 항상 진행되는 학교 화단 수업

모둠에서 꽃 친구 관찰을 하는 동안, 수집 담당인 친구는 모둠 주변

에서 주울 수 있는 자연물도 담아옵니다. 이때는 주변에 떨어져 있는 것만 주울 수 있습니다. 산수유가 피어날 때라 떨어진 벚꽃잎 몇 장, 꽃잎 없이 피어났던 회양목의 연둣빛 꽃, 겨울을 난 솔방울, 목련의 겨울눈 껍질 등이 수집됩니다.

관찰이 끝나고 돌아오면 수집 상자는 사물함 위에 전시하여 다른 모둠 친구들도 관찰할 수 있도록 합니다.

관찰이 끝난 수집 상자의 자연물들은 그 안에서 바짝 말려집니다. 그러나 쓰레기통에 버리지 않습니다. 다음 야외수업 때 들고 나가 화단으로 돌려보냅니다. 쓰레기통에 버리면 쓰레기가 되지만, 화단으로 돌아가면 퇴비가 되어 다시 생명이 된다는 이야기도 듣습니다. 다시 꽃친구 관찰과 함께 자연물 수집이 시작됩니다. 봄이 깊어질수록 수집 상자에 담기는 꽃잎들도 각양각색, 이름을 알게 된 꽃들은 등하굣길 여기저기서 발견됩니다.

봄을 표현하는 활동을 위해 벚꽃비가 내리던 날, 선생님은 핸드크림 하나를 들고 야외수업을 나갔습니다. 아이들은 선생님이 손등, 볼, 이마 등에 발라준 핸드크림을 담뿍 묻혀 다양한 봄 꽃잎으로 타투를 해보았습니다. 떨어진 꽃잎은 아이들 손등과 볼에서 새로운 꽃으로 태어나거나 나비로 재탄생하기도 합니다. 꽃잎의 부드러움에 아이들은 탄성을 내지릅니다. 약한 꽃잎 친구를 위해 화단을 다닐 때는 조금 더 조심하게 된 햇귀들입니다.

봄 교과 시간, 날씨 예보 놀이를 하기 위한 카메라와 마이크를 만든 날에는 기자와 카메라맨이 되어 학교 화단에 인터뷰를 나갔습니다. 변덕쟁이 봄 날씨 때문에 어려운 점은 없는지, 미세먼지로 인해 숨은 쉬기 어렵지 않은지에 대한 인터뷰를 합니다. 아이들은 그동안 배운 환경적 관점으로 만들어낸 질문으로 꽃 친구에게 다양한 이야기를 던집니다. 답은 착한 사람 마음으로만 들을 수 있다나요? 꽃들의 답보다는 꽃들의 입장에서 질문하는 그 자체가 소중합니다.

### 3) 학교행사에도 환경 한 스푼

우리 학교의 생일은 6월 초, 개교기념일이 되었습니다. 학교사랑주간동안 우리 학교에 대해 다양하게 알아보는 활동으로도 환경수업을 다양하게 기획할 수도 있습니다. 바로 모든 학교에 교화와 교목이 있기 때문입니다. 학교의 꽃, 교화에 대해 알아보며 교화를 자세히 관찰하고 우리 학교의 닮은 점을 찾아보는 활동으로도 학교의 생일을 축하해주면서도 환경적으로 의미 있는 수업을 할 수 있습니다.

햇귀마을에서는 학교 사랑 활동으로 교화인 장미꽃을 가지고 다양한 수업이 진행됩니다. 만들기를 좋아하는 저학년 친구들은 장미꽃을 만드는 재료를 다양하게 고민해보기도 하고, 고학년 아이들은 자신만의 아이디어를 더해 다양한 장미꽃 품종(?)을 개발하기도 합니다.

여기에는 나름의 미션이 더해집니다. 바로 장미꽃을 만들 때 쓰이는 접착제는 오로지 '딱풀'이어야 한다는 것입니다. 선생님이 시범을 보일 때는 어려워 보이지 않았는데 막상 해 보니 쉽지는 않습니다. 선생님은 딱풀로 힘들게 만든 장미꽃을 가지고 여름이 깊어지기 전까지 교실 창문을 멋지게 장식해주었습니다. 이 활동 이후 물레방아 테이프를 마구 쓰던 아이들의 행동이 조금씩 주는 걸 관찰할 수 있습니다.

학교사랑주간, 교화 만들기는 어떠세요?

글쓰기를 좀 하는 아이들이 많은 해에는 저마다 찾은 꽃말을 가지고 예쁜 문장 만들어 장미꽃 그림과 함께 학교를 장식하기도 하고, 예쁜 쓰레기를 만들지 않겠다는 학급 규칙이 정해진 해에는 학교 화단의 장미꽃 앞에서 단체 사진을 찍는 활동으로도 대체됩니다.

#### 4) 남고 버려지는 수업자료의 스마트한 활용법

학교에서 버려지는 이면지는 햇귀마을의 학습지가 됩니다. 특히 가정연계 학습지는 거의 이면지를 활용합니다. 우리가 무엇을 하고 있는지 부모님께 알려드리기 위해 더 그렇게 합니다.

처음엔 이면지에 거부감이 들었던 친구들도 이제는 양면인쇄가 된 학습지는 뒤에도 꼭 확인해야 한다고 따로 알려주어야 할 정도로 익숙해졌습니다.

날짜가 잘못 나와 버려진 학습지는 연필로 날짜를 고쳐 씁니다. 아이들은 한 달에 한 번 환경기념일마다 학교에서 배운 내용을 가족들에게 이야기하는데, 날짜가 잘못 나와 버려진 학습지를 그대로 쓰면서 우리가 줄인 탄소발자국에 관한 이야기도 하였습니다.

작년에 학급 친구들에게 방학 과제로 나눠주고 남은 지구 온도계는 올해는 학급 벽면에 자리 잡았습니다. 환경기념일 가정연계 활동 미션을 잘 수행한 친구들은 온도계에 번호 스티커를 붙입니다. 매달 가족과 함께 어떤 활동을 했는지를 계속 확인할 수 있습니다. 선생님이 번호 스티커를 붙일 때마다 칭찬해주고 친구들끼리 박수도 쳐주며 사진까지 찍어주니 깜빡 잊고 하지 못했다던 친구들도 시간이 걸려도 꼭 해오는 활동이 되었습니다.

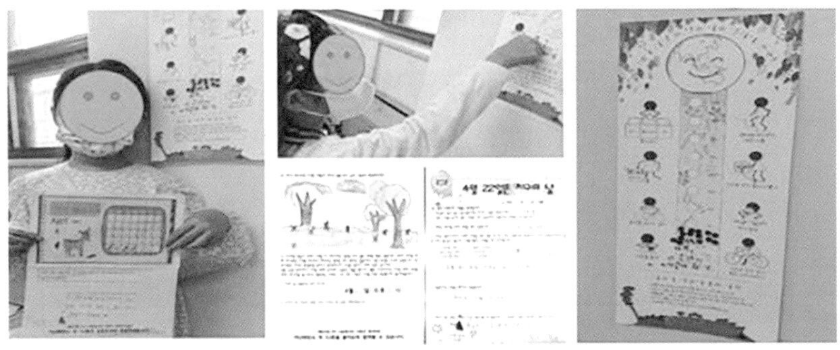

남은 수업자료를 다시 쓴 가정연계 환경기념일 스티커판

요즘은 교과서도 얼마나 잘 나오는지 모릅니다. 붙임딱지에 부록에 한 번 쓰고 버려지기에는 아깝고 다 못 쓰고 남는 스티커도 많습니다. 식물의 성장에 필요한 햇빛과 물로 역할놀이를 할 수 있게 교과서에서 제공된 머리띠는 재활용 박스에 연필 나무를 만들면서 꾸미기 재료로 재사용하였습니다. 봄철 생활 도구를 배우며 담은 스티커들은 봄나들이 경험을 그리는 활동에 사용되었고요. 붙임딱지 하나도 허투루 버리지 않고 가능한 다른 수업 시간에 재활용하려고 노력합니다.

교과서 부록으로 더 멋진 작품을 만들어요

### 5) 교실 환경 꾸미기로 강화하는 실천하기

교실 게시판은 계절에 맞게 계속 변신 중입니다. 교실이라는 공간은 아이들이 학교에서 대부분의 시간을 보내는 공간인 만큼 효과적으로 친환경행동을 격려하고 지속적으로 실천하도록 분위기를 조성할 수 있습니다.

교실이 변신할 때는 아이들이 수업 시간에 만든 작품이 재사용됩니다. 아이들이 생명을 소중히 선서식을 하며 만든 다짐 손가락들은 얼핏 보면 나무처럼 생겨서 우리 가족 소개하기 아이스크림 막대 액자를 집 모양으로 만들고 집 주변에 나무로 장식하였더니 보는 재미가 쏠쏠합니다. 가족 공부가 끝나면 여름 공부가 오는데, 다짐 손가락들은 물가를 장식하는 나무로 변신 예정입니다. 아이들은 제가 만든 작품을 어디에다 쓰면 좋을까 눈을 반짝입니다. 또 사용하고 또 사용하고 또 사용하는 작품에만 적용되는 것은 아니지요. 작은 아이디어로 용도를 달리하면 버려질 것들도 새로운 가치를 갖게 된다는 걸 알게 됩니다.

색종이 접시로 만들어진 나뭇잎은 벌써 몇 해째 계속 써오는 것입니다. 훼손이 심하지 않으면 계속 재사용합니다. 웬만하면 게시할 때 코팅을 하지 않고 일단 코팅을 하면 계속 사용하는 겁니다. 그리고 아이들에게는 환경판의 역사에 대해 이야기해줍니다. 각각 게시물마다 나이를 추리해보고 가장 오래된 게시물을 맞춰보기도 합니다. 세월의 때에 비해 잘 보관하면 새것처럼 쓰일 수 있다는 이야기도 나눕니다. 책상 서랍 속 물건이나 사물함을 잘 정리하거나 잘 사용하지 않는 학용품을 깨끗하게 보관해두면 오래 쓸 수 있다는 이야기는 선생님의 계절별 환경 게시판 정리함을 함께 살펴보며 시작됩니다.

게시판을 교체하면 짓궂은 선배들의 장난으로 훼손된 부분을 찾아보게도 합니다. 물건을 사용할 때 조심해서 사용하면 물건의 수명이 길어진다는 것도 선생님과 교실 게시판을 꾸미면서 나옵니다. 물건을 마구 쓰는 행동에서 잘못된 걸 지적하면 잔소리가 되지만, 선생님의 환경 이야기는 잔소리가 아닌 선생님과 선배들의 추억이 담긴 경험담입니다. 그런데도 선생님 대신 환경판 옆에서 장난을 치는 친구들을 조심시키거나 교실에서 함께 쓰는 물건을 함부로 사용하는 친구에게 한마디를 하는 아이들이 생겨납니다. 교실에서의 실천은 학교 복도, 도서관, 강당으로 이어지기도 합니다.

아이들의 작품도 교실 게시판에 항상 재사용됩니다

### 6) 마음과 실용성을 모두 챙긴 가장 친환경적인 선물

환경행사 선물로 요즘 다양해진 친환경 생활용품이 많이 활용되고 있습니다. 학교에서 환경행사 후 에코백이나 텀블러가 아닌 의미 있는 친환경 기념품을 주고 싶다고 추천을 부탁하실 때마다 말씀드립니다. 아이들이 선물을 받고 나서 예쁘게 간직되는 것이 아닌 생활에서 바로 쓸 수 있는 필수품이 예쁜 쓰레기가 되지 않는 가장 친환경적인 선물이라고요.

저 같은 경우, 특히 환경의 날과 같은 행사 이후 기념품이나 선물을 주어야 한다면 일회용 밴드를 주로 선택합니다. 우리가 다쳤을 때 약을 바르고 밴드를 붙이는 것처럼, 우리가 실천하는 작은 친환경행동들이 아픈 지구환경에 약이 되고 상처를 보호하는 밴드가 됨을 이야기해주면, 아이들이 절로 고개를 끄덕이기 때문입니다. 요즘 친구들에게는 작은 상처에도 밴드는 필수적이기 때문에 불필요한 보건실 방문이 줄어드는 것은 덤입니다.

코로나가 한참이던 시기에 제가 선택했던 어린이날 선물은 조절 스트랩이 달린 마스크 끈입니다. 코에 걸쳐진 마스크들이 많아 조절 스트랩이 꼭 필요하다고 판단했기 때문입니다. 가장 실용적인 것이 가장 환경적인 선물이 되는 것이지요.

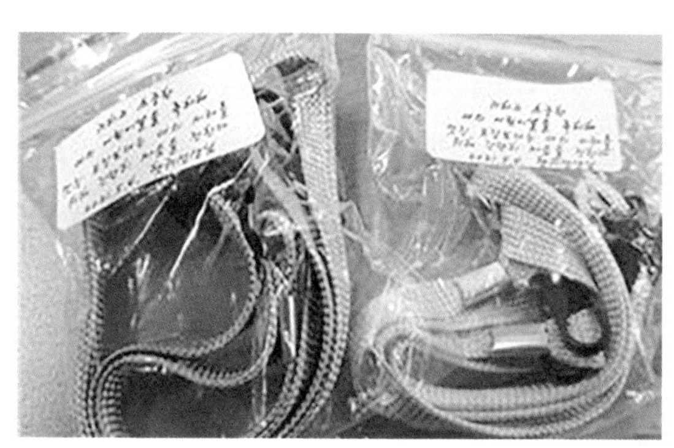

가장 환경적인 선물은 가장 실용적인 선물

아이들에게 선물할 때나 학교행사에서 기념품을 준비할 때는 중요한 실천이 또 하나 숨어있습니다. 바로 포장 쓰레기가 덜 나오는 대용량 제품으로 구매하거나 포장을 아예 하지 않은 선물을 주며 의미를 이야기해주는 것입니다.

대용량인 제품으로 선물이나 학습재료를 살 때는 개수를 세어 나눠야 하는 번거로움이 있지만, 선생님은 개별포장이 되어있지 않은 벌크 포장 제품을 샀습니다. 이번 마스크 끈은 벌크 포장 제품이지만 마스크 끈 하나마다 약봉지처럼 담겨 있어 포장지는 따로 구매하지 않았습니다. 예쁜 포장지는 잠시의 기분을 좋게 하지만 금방 쓰레기가 되니까요. 대신 작은 라벨지에 어린이날을 축하한다는 메시지와 함께 우리의 지속 가능한 미래를 위해 포장을 하지 않았다는 선생님의 마음을 전해봅니다.

꼭 필요하지 않다면 개별포장이 되지 않은 제품을 사는 것도, 포장지나 리본을 활용하지 않고 그냥 선물을 줄 수 있는 용기를 더하는 것도 친환경 선물의 중요한 요소가 됩니다. 포장지로 꾸며지지 않은 선물을 받은 친구들은 친구나 가족들에게 선물을 전해야 할 때 우리의 지속 가능한 미래를 위해 불필요한 포장을 하지 않아도 된다는 것을 배웁니다. 배운 것을 바로 실천하기로 하고 어버이날 편지를 준비할 때 아이들은 봉투를 따로 만들지 않습니다. 그리고 봉투가 없는 이유를 부모님께도 이야기할 수 있도록 연습합니다.

아이들의 배움이 일어나는 시간은 정해져 있지 않습니다. 환경교육 시간에만 환경교육이 일어나는 것이 아닙니다. 지속 가능한 수업의 업사이클링으로 선생님의 수업 자체가 생태적 전환이 될 때, 진짜 환경교육은 이미 시작된 것입니다.

## 2. 나의 삶에서 지속 가능한 미래를 꿈꾸다

### 수업으로 살펴보기 내가 좋아하고 잘할 수 있는 곳에서 시작하기

식목일을 앞둔 어느 날, 햇귀들이 키울 반려식물인 개운죽이 도착했습니다. 뿌리가 상하지 않게 포장을 잘 뜯어서 물에 담가두었습니다. 개운죽 키우기는 햇귀마을의 연례행사입니다. 지금은 시대의 흐름 속에 '반려식물 입양하기'라는 거창한 프로젝트명이 붙었지만, 20년 전에는 야생화를 좋아하는 선생님이 아이들에게 식물 친구를 만들어주고자 했던 작은 마음으로 시작된 '개운죽 키우기'였습니다. 선생님은 교실이라는 학교 공간에서 생명의 신비로움과 푸르름을 느끼게 해주고 싶었던 것이지요.

생태숲미래학교나 그린스마트학교처럼 학교 공간이 친환경적으로 바뀌기에는 현실은 쉽지 않습니다. 학교 공간을 녹화시키는 데 한계를 느낀 선생님은 아쉬운 대로 개운죽 키우기와 더불어 '햇귀나무와 함께하는 교실'이라는 새 프로젝트를 위해 문구점으로 향했습니다. 교실로 돌아온 선생님의 손에는 커다란 크래프트지 6장과 지끈, 천장 걸이 후크, 서로 다른 그린 계열의 켄트지 몇 장이 들려있습니다. 학교 뒤편의 재활용품장에서 가장 큰 박스, 중간 박스, 작은 박스 몇 개를 들고 옵니다. 이제 준비는 끝. 식목일을 디데이로 삼아 햇귀마을에 새로운 식구가 들어올 예정입니다.

"선생님, 페트병은 왜 가져오라고 하셨어요?"

식목일이 되고, 아이들은 투명한 모양의 페트병을 가지고 왔습니다. 선생님은 미리 부모님들께 모양은 상관이 없는데 투명하면 좋고, 500㎖ 정도의 크기여야 한다는 안내를 하셨습니다. 그러다 보니 주로 집에서 먹고 버리는 생수통입니다.

"자, 오늘은 식목일이에요. 우리도 햇귀마을에서 페트병에 물을 담아서 식물 친구를 키워보려고 해요. 이렇게 키우는 방식을 수경재배라고 한답니다."

아이들은 저마다의 개운죽 친구를 만났습니다. 모양은 딱 막대기 같은데 우선 선생님이 주시니 받습니다. 신기하게 생기긴 했습니다. 개운죽이 쓰러지지 않도록 페트병에 반 이상 물을 담아오라고 하는 말에 혹시나 개운죽이 쓰러질까 하는 마음에 선생님께 몇 번이고 물의 높이를 확인하는 아이들입니다. 화단에서 시작한 야생화 수업의 결과입니다.

선생님은 아이들이 개운죽과 인사할 시간을 충분히 줍니다. 어느 친구의 개운죽은 녹색이 많고, 어느 친구의 개운죽은 뿌리가 많답니다. 뿌리가 너무 없는 거 같아 걱정인 친구도 있습니다. 한바탕 서로의 개운죽을 관찰하던 아이들에게 선생님은 색상지를 하나씩 나눠주셨습니다. 생수통을 한 번 감쌀 정도의 띠 모양입니다. 띠 모양의 색상지에는 개운죽의 이름과 하고 싶은 말, 개운죽에게 하는 약속을 쓸 수 있는 예쁜 칸이 나누어져 있습니다.

반려식물 개운죽에게 정성을 다하는 햇귀들

개운죽의 이름을 짓기 전, 선생님은 식물에게도 귀와 마음이 있다는 사실을 알려주었습니다. 평온하고 조용한 음악을 듣고 자란 상추와 헤비메탈을 듣고 자란 상추는 신기하게도 모양이 달랐습니다. 우리가 개운죽에게 직접 지어준 이름을 매일 다정하게 불러주고 잘 자라라고 말을 걸어주면 개운죽도 그 말을 듣고 튼튼하고 예쁘게 자라날 것이라 이야기해주셨습니다. 물도 그렇다나요? 긍정적인 말을 들은 물은 얼면서 예쁜 결정을 맺지만 부정적인 말을 들은 물은 이렇다 할 결정을 맺지 못하고 보기에도 위태로워 보입니다. 무생물인 물도 그런 영향을 받는데, 생명을 가진 식물인 개운죽은 우리 말을 얼마나 잘 알아들을까요? 아이들은 진짜 그런가 싶은 마음에 신기해하면서도 진짜 말을 알아들을 수 있으려나 하는 의심의 눈초리로 페트병에 덩그러니 꽂힌 개운죽을 봅니다.

튼튼이, 초록이, 열매, 사랑이, 쭉쭉이. 이름도 각양각색입니다. '사랑해, 잘 자라줘, 반가워, 예뻐해 줄게' 등 각자의 개운죽에게 해주고 싶은 말도 써넣고, '매일 이름을 불러줄게, 깨끗한 물을 먹게 해줄게' 등 한 가지씩 잘 돌봐주겠다는 약속도 써넣습니다.

선생님은 새로 만난 개운죽 친구의 모습을 자세하게 관찰하고 가능한 똑같이 따라 그려보라고도 하셨습니다. 나중에 얼마큼 컸는지 알아볼 수 있도록요. 대여섯 마디의 작은 대나무 같은 개운죽은 몇 가닥 되지 않게 삐죽하게 나온 뿌리도 짧고 작은 잎도 많아야 두세 장이 전부입니다. 그리는 것은 어렵지 않았습니다.

초록색이나 연두색 색연필로 끄적이는데, 선생님은 화상캠을 사용하여 개운죽의 한 면을 확대해서 보여주셨습니다. 그러자 마디마디마다 다른 무늬와 진한 초록색과 연한 녹색, 밝은 연두색이 서로 다르게 어우러진 것이 보였습니다. 오오! 탄성을 지른 아이들은 나름대로 보인 것을 그대로 재현해내려 애를 써봅니다. 그렇게 그려진 개운죽 세밀화를 가지고 가족들에게 오늘 새로 생긴 친구인 개운죽을 소개하는 것이 오늘의 과제입니다.

사물함 위에 나란히 개운죽이 놓였습니다. 개운죽은 그늘에서도 잘 자라고 수경재배를 하면 잘 죽지도 않습니다. 매번 변화하는 모습을 관찰하기도 그만이지요. 뿌리가 자라나는 모습도 잘 보라고 투명페트병을 준비하게 한 것입니다.

아이들이 집으로 돌아간 뒤, 선생님도 선생님만의 과제를 시작했습니다. 우선 재활용장에서 가져온 박스들을 둘둘 말아봅니다. 큰 박스는 높이도 크고 두께도 두툼하게 말렸습니다. 낑낑거리며 테이핑을 합니다. 중간 박스는 큰 박스보다는 좀 쉽습니다. 작은 박스 말기는 식은 죽 먹기입니다. 이렇게 박스를 말아 봉처럼 세웁니다.

짠! 햇귀나무의 중심이 되는 박스봉입니다. 반은 완성되었습니다. 보기에는 어설프지만 크래프트지를 구겨 말아 곧은줄기처럼 감싸면 진짜 나무처럼 보입니다. 아래는 큰 나무의 뿌리 모양처럼 보이게 갈래를 넣기도 하였습니다. 크래프트지를 길게 말아 구겨 나뭇가지도 만듭니다. 곧은줄기에 나뭇가지가 하나씩 늘어갈 때마다 진짜 나무같이 모양이 잡혀갑니다.

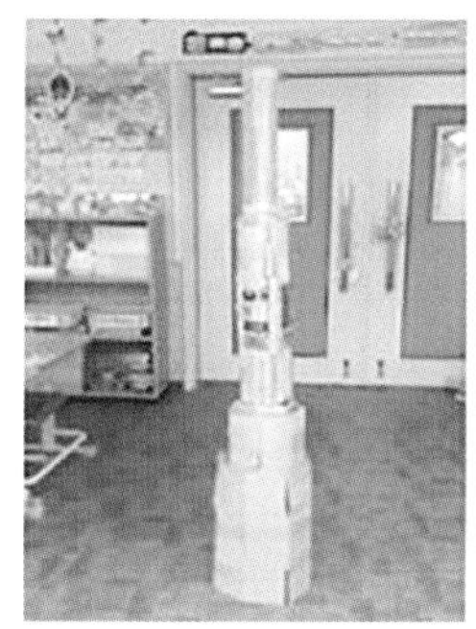

교실 한쪽에 우뚝 선 햇귀나무

사실 선생님은 교실 벽면을 커다란 숲처럼 만들고 싶었습니다. 교실이 넉넉했다면 한 번쯤 시도해보았을 교실 숲 만들기는 아이들이 많은 도시의 과밀학급에는 적합해 보이지 않았습니다. 그래도 포기가 안 되었던 선생님은 앱에서 다양한 해외 사례를 조사하고 여러 가지 자료를 찾던 중에 발견한 교실나무 정도는 만들 수 있겠다 싶었습니다. 그리기와 만들기를 좋아하는 선생님에게는 별로 어려워 보이지 않는 일이었으니까요.

교실 꾸미기는 선생님이 가진 또 하나의 취미입니다. 아이들의 작품으로 이것저것 교실을 꾸미다 보면 이야깃거리도 풍성해지고 아이들 작품이 계속해서 교실에서 재활용됨으로써 노력을 덜 기울여도 잔소리를 덜 해도 오래 쓰는 가치에 대해 끊임없이 상기시켜 줄 수도 있습니다.

선생님은 햇귀나무가 쓰러지지 않도록 줄기는 벽에 고정하고 나뭇가지는 천장에 고정하였습니다. 내일 아이들이 오면 깜짝 놀라겠지요? 식목일을 맞아 아이들에게는 반려식물인 개운죽 친구와 학급나무인 햇귀나무가 생긴 것입니다.

"이게 뭐지?"

"교실에 나무가 자랐네?"

아침에 일찍 온 친구들은 벌써 햇귀 나무 주변으로 옹기종기 모여들었습니다. 아무리 봐도 진짜는 아닌데 진짜 같습니다.

"이 나무의 이름은 햇귀나무예요. 여러분과 함께 일 년 동안 함께 하려고 우리 교실에 찾아왔어요. 따뜻한 봄이 되었으니 햇귀나무에 잎사귀를 붙여줄까요?"

여러 가지 그린 계열의 켄트지는 다양한 모양의 나뭇잎으로 변했습니다. 선생님은 일부러 연두와 연한 녹색 켄트지만 나눠주어 봄의 느낌을 담은 나뭇잎을 만들었습니다. 아이들은 화단을 관찰할 때 보았던 잎맥도 여러 가지 모양으로 그려 넣습니다. 잎 가장자리가 삐죽삐죽한 잎도 있고 매끈한 잎도 있습니다. 뾰족한 모양도 있고, 넓적한 모양도 있습니다. 아이들이 완성한 나뭇잎들은 지끈으로 연결되었습니다. 천장 후크에 걸어놓으니 햇귀나무가 금방 파릇파릇해졌습니다.

아이들은 햇귀나무 앞에서 '생명을 소중히' 선서식도 진행하였습니다. 선생님은 아이들의 작품이 하나씩 완성할 때마다 햇귀나무와 함께 기념사진도 찍어줍니다. 꼬마 판다 가족사진도 햇귀나무 앞에서 찍었습니다. 만들어진 작품이 햇귀나무에 걸릴 때도 있습니다. 여름교과 활동에서 프로타쥬 기법으로 만든 진한 초록색의 잎을 주렁주렁 달아주었고, 개미, 무당벌레 등 작은 곤충들도 만들어 햇귀나무의 여름 친구들도 만들어주었습니다.

아이들은 개운죽의 물을 갈아줄 때마다 햇귀나무를 지납니다. 그 아래에서 모둠활동을 하기도 하지요. 선생님은 햇귀나무를 지날 때 꼭 고개를 숙여야 합니다. 햇귀나무를 지날 때 고개를 숙이는 선생님을 볼 때마다 아이들은 무슨 생각을 하였을까요?

어느새 햇귀나무는 아이들과 함께 가을을 맞이하였습니다. 단풍에 대해 배울 무렵, 선생님과 아이들은 햇귀나무에 노랗고 빨간 잎들을 달아주었습니다. 사실 바로 전날 선생님은 아이들 몰래 진한 초록빛의 나뭇잎들은 다 거둬 놓았답니다. 어느 날은 잠자리가 달렸고요, 색종이 감도 달렸다가 늦은 가을에는 낙엽 리스도 주렁주렁 열매처럼 달렸습니다. 햇귀나무 밑에서 아이들의 추억이 알알이 열매를 맺어갑니다.

햇귀나무는 아이들과 한 해를 함께 보냅니다

겨울이 되었습니다. 울긋불긋했던 햇귀나무 잎사귀들이 하나둘 거둬지고 선생님은 크리스마스 전 나뭇가지들을 잘라 트리를 만들었습니다.

"앗, 선생님이 햇귀나무를 죽였어!"

"뭐 하시는 거예요?"

아니, 트리를 만들어준다는데 진짜 나무도 아닌 햇귀나무 나뭇가지를 잘랐다고 이렇게 원성을 들을 일입니까?

나뭇가지를 원상복구 해놓을 거란 다짐 끝에 햇귀나무는 예쁜 트리로 변신하였습니다. 허니컴페이퍼를 이용해 스노우볼도 만들어 달아주었고요, 햇귀나무에게 예쁜 소망을 담아 편지도 달아놓았습니다.

그렇게 햇귀마을의 한 해가 저물어갑니다. 겨울나기를 배우면서 나무가 춥지 않도록 짚으로 외피를 만들어 씌워준다기에 아이들은 가렌다를 만들어 햇귀나무에게 마지막 인사를 하였습니다.

"일 년 동안 우리와 함께 있어 줘서 고마워."

"앞으로도 잘 지내, 놀러 올게."

"그동안 고마웠어, 사랑해."

"나무야, 식목일부터 항상 우리 곁에 있어 줘서 고마워. 우리가 가도 우릴 기억해줘."

"햇귀나무야! 겨울이 끝나고 우리가 떠나도 건강하게 잘 지내, 응원할게."

"햇귀나무야! 1년 동안 같이 있어 줘서 고마워. 다음 2학년 되는 동생들에게도 1년 동안 같이 있어 줘."

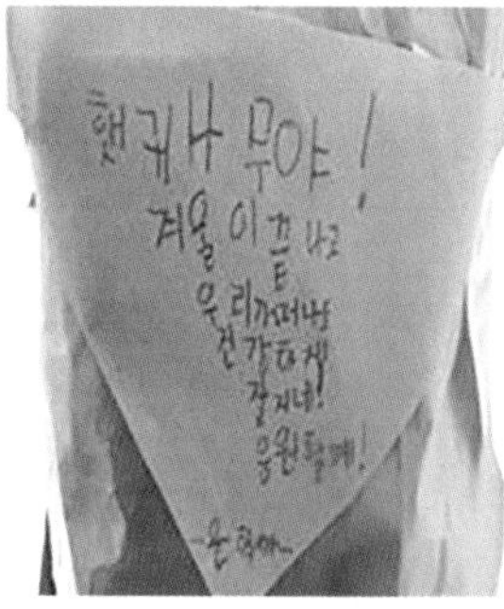

햇귀나무의 겨울옷이 된 작별인사

일 년 동안 정이 참 많은 들은 모양입니다. 아이들이 떠난 자리에 정성이 가득 담긴 가렌다 편지로 외피를 두른 햇귀나무는 춥지 않게 겨울방학을 날 예정입니다. 내년에 새로운 햇귀들과 다시 만나는 날까지요.

- 내가 즐거운 지속 가능한 삶 만들기 -

나만의 지속 가능한 환경교육, 어떻게 가꾸어가야 할지 조금은 선명해지셨습니까?

"그림책을 활용한 환경교육은 당장 할 수 있을 거 같아요."

"우리 학교에서는 어떤 환경교육을 시작할 수 있을까요?"

지금까지 햇귀마을에서 진행된 환경교육 사례를 들은 선생님들께서 한 말씀씩 해주십니다. 교육과정 실습 시간이 주어지고 선생님들은 저마다 학교에서 시작하고 마을과 연계하는 환경 프로젝트를 개발해봅니다. 5가지 영역에 맞춰 짜니 프로젝트 수업 하나가 뚝딱 만들어집니다. 아이들을 위해 환경교육을 해 보겠다는 의지가 엿보여 감사한 마음이 듭니다.

환경교육을 시작하시겠다니 참으로 감사한 일이지만, 살짝 딴지를 걸어보겠습니다. 모두가 환경교육으로 환경수업을 할 필요는 없기 때문입니다. 일상적인 선생님의 수업에 지속가능성의 가치를 담는 것만으로도 환경교육보다 더 효과적인 지속 가능한 삶의 역량을 길러줄 수 있습니다. 앞에서 이야기했듯 우리는 이미 교육과정의 전문가이기 때문에 충분히 자신감을 가지셔도 좋습니다.

아이들의 배움과 지속 가능한 삶이 일체화를 위해 새로운 패러다임으로 만들어지는 교육과정은 지속가능성의 핵심 주제들을 교과 지식과 융합적으로 접근할 수 있도록 디자인해야 한다는 말을 기억하시나요? 기후 위기가 아니더라도 환경과 관련된 미래사회의 현상, 사건, 문제들은 계속 다양해질 것이고 점점 거대해질 것입니다. 그렇기에 환경교육도 지속가능하려면 환경의 어느 한 부분을 강조할 것이 아니라 우리의 모든 것에 생태적 전환을 시도해야 합니다.

"교육과정 안에서 환경이라는 한 주제를 강조할 것이 아니라
교육과정 전반에 걸친 새로운 패러다임으로 만들어야 한다."

이 말은 우리가 교육에서 환경교육이라는 하나의 교육을 강조할 것이 아니라 모든 교육을 지속가능성의 가치를 지니도록 만들어야 한다고 해석할 수 있습니다. 환경교육을 제대로 해 보고 싶다는 선생님께 꼭 말씀드리고 싶습니다. 선생님께도 이미 선생님만의 특별한 눈을 뜬 전문 분야가 있을 거라고요. 특별한 눈을 뜬 나만의 전문 분야가 있다면 그것이 바로 선생님께서 지속가능성의 가치를 시작해야 하는 분야이고, 선생님만의 지속 가능한 환경수업이 되어야 합니다. 제게는 그 분야가 환경교육이었을 뿐입니다. 야생화를 계기로 운이 좋게 환경에 일찍 눈을 뜨게 되었고, 그래서 제가 좋아하는 환경교육을 꾸준히 실천해왔던 것이지요.

인성교육, 독서교육, SW/AI 교육, 발명 교육, 다문화교육, 세계시민교육, 경제교육 등 수많은 교육이 학교에서 진행됩니다. 그중에서 자신 있고 즐겁게 수업을 준비하는 분야 한 가지를 꼽아보세요. 무엇에 자신이 있는지 잘 모르시겠다면 선생님이 학부모 공개 수업이나 장학을

할 때 별다른 고민 없이 선택하는 과목을 생각하시면 됩니다. 바로 그 수업이 선생님께서 관심을 가지고 자신 있게 다루는 교육 분야가 아닐까요? 자신 있는 수업에 환경 한 스푼을 더하기를 시작한다면, 그것이 선생님만의 브랜드화된 환경수업이 됩니다. 선생님의 전문 분야에 자기환경화를 위한 소재를 넣어 환경적 관점 한 스푼을 더해보세요. 선생님이 좋아하는 분야를 즐기면서 아이들은 쉽게 실천할 수 있는 지속가능한 삶을 찾아보게 할 수도 있습니다.

예를 들어볼까요? 발명 교육에 관심 있다면 지속 가능한 미래에 도움이 되는 적정기술 아이디어와 발명품 만들기를 할 수 있습니다. 글을 잘 쓰신다고요? 아이들과 국어 시간에 환경정의에 대한 글쓰기, 지속가능성을 알리는 글쓰기를 하시면 됩니다. 꼬마 작가 만들기 프로젝트로 학교나 마을의 환경문제를 알리는 환경 그림책을 만들어 학교 도서관에 비치하고 다른 학년과 연계 교육을 하셔도 좋겠네요. 독서교육 전문가라면 환경도서로 온책읽기 프로그램을 만드시면 되지요. SW/AI 전문가라면 지속 가능한 시스템을 구현하는 가상 공간 만들기, 환경문제를 해결하는 코딩에 도전하기, 환경의 중요성을 알려주는 게임 앱 개발하기도 좋습니다. 선생님께서 하고자 하는 교육에 환경을 주제로 융합프로그램을 만드는 겁니다.

각자의 자리에서 꼭 해야만 하는 수업을 환경교육으로 만들 수도 있습니다. 영양 선생님은 영양수업으로 일주일에 한 끼라도 맛있게 실천해보는 채식에 도전하게 하고, 음악 선생님은 환경의 아름다움을 주제로 작곡수업을 계획하거나 환경음악회를 주최할 수 있지요. 미술 선생님은 다른 프로그램 없이 수업 자체에서 친환경 재료를 쓰거나 쓰레기를 만들지 않는 작품활동 등을 고민하시거나 그러한 고민을 아이들과 이야기하면서 수업 방법을 개선하는 활동으로도 온전히 선생님만의 환경교육이 됩니다. 체육 선생님이라면 환경에 덜 영향을 주는 종목을 학교스포츠클럽으로 운영하거나, 체육 교구나 간식을 구입할 때 친환경 제품을 구매하실 수도 있지요. 친환경적인 여가생활과 건강관리법을 고민하게 할 수도 있습니다. 진로교육 담당자라면 지속 가능한 미래의 직업 세계를 다양하게 탐구할 수 있도록 도울 수도 있습니다. 지속 가능성의 가치는 미래사회의 블루오션이니까요.

마지막으로 우리가 기후 위기에 대응하기 위한 탄소중립을 아이들의 목표로 삼지 않았던 것처럼, 선생님의 환경교육도 교육자로서의 소명보다는 한 사람으로서 즐거운 지속 가능한 삶의 한 부분이어야 함을 이야기하고 싶습니다.

햇귀마을에서도 환경교육을 하기 위해 환경수업을 시작했던 것은 아닙니다. 그저 아이들에게 야생화 친구를 소개해 주고 싶었습니다. 이름 모를 야생화를 알아가고 이름을 알수록 발밑의 생명을 발견하는 횟수가 늘어가는 일이 제게는 경이로웠지요. 그러다 좋아하는 활동을 꾸준히 하면서 그 분야에 전문가가 되어보자는 도전을 아이들과 함께 하고 싶어졌습니다. 좋아하는 것이 수업주제가 되자 새로운 세계가 열렸습니다. 아이들에게 꽃 친구를 만들어주고 작은 생명에게 관심을 가지도록 했던 단순한 활동이 학교 주변의 꽃을 관찰하고 탐구하면서 새로운 질문을 던지는 수업이 되었습니다. 선생님과 꽃을 주제로 학습하는 방법을 학습한 아이들은 각자 관심 있는 주제를 깊이 탐구하는 한 해를 보냈습니다. 돌이켜보니 햇귀마을의 첫 환경교육은 그렇게 시작되었습니다. 햇귀나무를 학급에 심은 것도 그리기와 만들기를 좋아하는 제가 교실 꾸미기 활동을 즐기기 때문입니다. 매해 햇귀마을의 환경이야기가 문집으로 만들어지는 것도 제가 글을 쓰고 편집하는 일을 어려워하지 않기 때문이지요. 만약 제가 힘들고 어렵게 생각하는 일이었다면 문집이나 햇귀 나무는 결코 지속할 수 없었을 것입니다.

선생님의 환경교육도 교사로서 가진 책임감이 아닌 지구인으로서 스스로가 지속 가능한 삶을 즐길 때 진짜 지속가능하게 됩니다. 교사인 우리도 인류세를 살아가는 지구공동체의 일원이기 때문입니다. 요즘 줍깅, 플로깅, 제로 웨이스트, 레스 웨이스트 등 다양한 이름의 친환경 챌린지가 많이 생겨나고 있습니다. 내가 좋아하는 분야에서 내가 즐거울 수 있는 챌린지로 지속 가능한 삶을 즐겨보시면 어떨까요?

등산을 좋아하는 선생님이라면 아름다운 풍광을 즐기며 좋아하는 등산을 계속하기 위해 산의 아름다움을 지켜가는 줍깅을 기꺼이 즐겁게 하실 것이고, 반려동물을 키우는 선생님이라면 사랑하는 나의 반려동물과 산책하는 공원과 길을 깨끗하고 안전하게 유지하는 데 필요한 줍깅을 쉽게 지속하실 수 있을 겁니다. 새로운 환경교육을 준비하시기 전에 내가 좋아하시는 등산, 그리고 사랑하는 반려동물과의 산책에서 우선 줍깅을 실천해보는 겁니다. 혹은 내게는 필요 없어진 등산 용품을 나누며 레스 웨이스트를 실천할 수도 있고, 반려동물 제품을 구매할 때마다 동물권에 대해 고민하며 비건 제품을 선택하실 수도 있습니다.

이런 활동은 나의 삶을 윤택하게 하기 위한 선택으로 시작하는 지속 가능한 삶의 실천입니다. 계속 실천하다 보면 경험이 쌓이고 새로운 앎이 생깁니다. 선생님께서 실천하면서 생각했던 것, 느꼈던 것, 알게 된 것들을 아이들에게 이야기해주세요. 짧은 아침 활동, 수업 후 자투리 시간에서 수다로 시작할 수도 있고, 수업 시간에 던지는 간단한 질문에서부터 시작할 수도 있습니다. 그렇게 선생님의 관심 분야에서 실천한 지속 가능한 삶의 이야기를 나누다 보면, 확고해진 지속가능성의 가치를 학급경영과 수업에 적용하는 선생님만의 노하우가 생길 겁니다. 선생님의 삶 속에서 얻어진 지속 가능한 가치들이 아이들에게는 자연스럽게 환경교육으로 전해질 테니까요.

환경교육은 그 어떤 교육보다 불확실한 미래를 주체적으로 살아가기 위한 교육입니다. 그렇기에 더욱 우리의 모든 것에서 다뤄져야 하고, 다뤄질 수 있습니다. 환경교육을 환경문제 해결을 위한 교육, 기후 위기에 대응하기 위한 교육으로 한정하지 않고, 지속 가능한 미래를 위한 삶의 교육으로 이해한다면 선생님께서 하고자 하는 모든 교육활동에서 얼마든지 환경교육을 실천할 수 있습니다.

십년지기(十年知其)가 장바구니이기만 할까요? 선생님께서 실천하는 모든 교육이 지속 가능한 환경수업, 십년지기의 시작일 수 있습니다. 선생님의 10년이 차곡차곡 쌓인 지속 가능한 환경교육은 어떤 모습일까요? 그것이 무엇이든, 그 어떤 분야에서 시작하였든 아이들의 지속 가능한 삶으로 활짝 피어있을 것이라 믿습니다.

## 수업 기획: 내가 즐거운 지속 가능한 수업을 만들기

선생님의 관심 분야에서 지속가능성의 가치를 찾을 수 있다면, 그게 바로 선생님만의 지속 가능한 환경수업이 됩니다. 내가 관심 있는 분야의 키워드로 생각그물을 만들어보고, 이 책에 소개된 여러 수업 중 시도해보고 싶은 활동을 연결해보세요.

## 나만의 지속 가능한 삶과 수업 - 오늘부터 1일

선생님은 어떤 사람인가요? 무엇을 하면 즐거우신가요? 내 삶을 지속 가능한 삶으로 만들고 싶다면 어떤 것부터 시작하면 좋을까요?

나는 (　　　　　　)을 가장 중요하게 생각하는 교사입니다.

나의 교실에서 가장 즐겁게 하는 일은 (　　　　　　　　)입니다.

내가 가장 자신 있는 수업은 (　　　　　　　　)입니다.

사회(대학원)에서는 (　　　)을 공부했습니다.(공부 중입니다. 혹은 공부할 예정입니다.)

내가 가장 잘할 수 있는 일은 (　　　　　　　　　　)입니다.

내가 자발적으로 듣는 연수는 (　　　　　　)에 대한 것입니다.

연구회(또는 전문적학습공동체 주제)를 선택한다면, (　　　　)을 선택할 것입니다.

요즘 나의 가장 큰 관심은 (　　　　　　)입니다.

시간이 여유로울 때는 주로 (　　　　　　　　)을 합니다.

내가 즐거워하는 일은 (　　　　　　)입니다. 이 일을 할 때는 조금 피곤해도, 심지어 자발적 초과근무(?)도 가능합니다.

내가 마음 편한 사람들과 만나서 수다 떠는 주제는 (　　　　　)입니다.

나는 (　　　　)을 할 때, 가장 보람을 느낍니다.(혹은 살아있음에 감사합니다.)

부록

## 2022 개정 교육과정 환경 관련 성취기준(초등)

(출처. 2023 경기 생태환경교육과정 우수 자료집 부록 중 일부 발췌)

| 교과 교육과정 | | | | | |
|---|---|---|---|---|---|
| 학교급/학년(군) | | 교과 | 성취기준 코드 | 성취기준 | 교과 내용 요소 |
| 초 1~2 | 물 보호 | 통합 | 2바01-04 | 모두를 위한 생활환경을 만드는 데 참여한다. | 여름맞이 |
| | | 통합 | 2바03-04 | 공동체 속에서 지속가능성을 위한 삶의 방식을 찾아 실천한다. | 규칙, 건강 및 청결, 협력<br>공공장소의 올바른 이용 |
| | 에너지 교육 | 통합 | 2바03-04<br>2바04-01 | 공동체 속에서 지속가능성을 위한 삶의 방식을 찾아 실천한다.<br>모두를 위한 생활환경을 만드는 데 참여한다. | 여름철 에너지 절약<br>공공장소 이용 |
| | 해양 교육 | 통합 | 2바01-04<br>2바03-02<br>2즐01-04 | 생활환경과 더불어 살기 위해 노력한다.<br>계절의 변화에 적절하게 대응하며 생활한다.<br>우리를 둘러싼 자연의 아름다움을 감상한다. | 건강하고 안전한 여름 생활<br>공공장소의 올바른 이용 습관 |
| | 농업·농촌 이해 교육 | 통합 | 2바01-04<br>2바03-02<br>2슬01-04<br>2슬03-02<br>2슬04-01 | 생활환경과 더불어 살기 위해 노력한다.<br>계절의 변화에 적절하게 대응하며 생활한다.<br>사람과 자연, 동식물이 어우러져 사는 생태를 탐구한다.<br>계절과 생활의 관계를 탐구한다.<br>생활도구의 모양이나 기능을 탐색하고 바꾸어 본다 | 추수하는 사람들에 대한 감사<br>식물의 자람<br>봄철 생활도구<br>여름철 생활도구 |
| | | 통합 | 2슬02-01 | 우리가 살고 있는 마을과 사람들의 생활하는 모습을 살펴본다. | 동네 사람들이 하는 일, 직업 |

<table>
<tr><th colspan="6">교과 교육과정</th></tr>
<tr><th colspan="2">학교급/학년<br>(군)</th><th>교과</th><th>성취기준<br>코드</th><th>성취기준</th><th>교과 내용 요소</th></tr>
<tr><td rowspan="5">초<br>1~2</td><td rowspan="2">산림<br>교육</td><td>통합</td><td>2슬01-04<br>2슬03-02</td><td>사람과 자연, 동식물이 어우러져 사는 생태를 탐구한다.<br>계절과 생활의 관계를 탐구한다.<br>사람과 자연, 동식물이 어우러져 사는 생태를 탐구한다.<br>계절과 생활의 관계를 탐구한다.</td><td>봄에 볼 수 있는 다양한 동식물<br>식물의 자람</td></tr>
<tr><td>통합</td><td>2즐01-04<br>2즐02-01</td><td>우리를 둘러싼 자연의 아름다움을 감상한다.<br>내가 참여할 수 있는 문화예술 활동을 향유한다.</td><td>주변의 사람이나 사물에 대한 짧은 글쓰기</td></tr>
<tr><td>생물<br>다양<br>성</td><td>통합</td><td>2슬01-04<br>2바03-02<br>2즐01-04<br>2즐03-02</td><td>사람과 자연, 동식물이 어우러져 사는 생태를 탐구한다.<br>계절의 변화에 적절하게 대응하며 생활한다.<br>우리를 둘러싼 자연의 아름다움을 감상한다.<br>자연의 변화를 느끼며 놀이한다.</td><td>계절별 동식물</td></tr>
<tr><td>생태<br>계보<br>호</td><td>통합</td><td>2바01-04<br>2바03-04<br>2바04-01<br>2슬01-04<br>2즐01-04</td><td>생활환경과 더불어 살기 위해 노력한다.<br>공동체 속에서 지속가능성을 위한 삶의 방식을 찾아 실천한다.<br>모두를 위한 생활환경을 만드는 데 참여한다.<br>사람과 자연, 동식물이 어우러져 사는 생태를 탐구한다.<br>우리를 둘러싼 자연의 아름다움을 감상한다.</td><td>동식물 보호<br>생명 존중</td></tr>
<tr><td rowspan="3">초<br>3~4</td><td rowspan="3">물<br>보호</td><td>사회</td><td>4사02-01<br>4사03-06</td><td>우리 고장의 지리적 특성을 조사하고, 이것이 고장 사람들의 생활 모습에 미치는 영향을 탐구한다.<br>주민 참여를 통해 지역 문제를 해결하는 방안을 살펴보고, 지역 문제의 해결에 참여하는 태도를 기른다.</td><td>고장의 지리적 특성<br>주민 참여를 통한 문제 해결</td></tr>
<tr><td>과학</td><td>4과17-01</td><td>물이 이동하거나 상태가 변하면서 순환하는 과정을 생명체, 지표면, 공기 사이에서 일어나는 다양한 현상과 관련지어 설명할 수 있다.</td><td>물의 여행</td></tr>
<tr><td>과학<br>국어</td><td>4과17-02<br>4국03-01</td><td>물의 중요성을 알고 물 부족 현상을 해결하기 위해 창의적 방법을 활용한 사례를 조사할 수 있다.<br>중심 문장과 뒷받침 문장을 갖추어 문단을 쓴다.</td><td>물 순환 과정,<br>물의 중요성과 물 부족 현상 해결<br>중심 문장과 뒷받침 문장을 갖추어 문단 쓰기</td></tr>
</table>

| 교과 교육과정 | | | | | |
|---|---|---|---|---|---|
| 학교급/학년(군) | | 교과 | 성취기준 코드 | 성취기준 | 교과 내용 요소 |
| 초 3~4 | 에너지 교육 | 도덕 | 4도01-02 | 시간과 물건의 소중함을 알고 자신이 시간과 물건을 아껴 쓰고 있는지 반성해 보며 그 모범 사례를 따라 습관화한다. | 시간과 물건의 소중함 |
| | 해양 교육 | 과학 | 4과04-03 | 강과 바닷가 주변 지형의 특징을 흐르는 물과 바닷물의 작용과 관련지을 수 있다. | 바다 주변 지형의 특징 |
| | | 과학 | 4과16-02 | 육지와 비교하여 바다의 특징을 설명할 수 있다. | 바다의 특징 |
| | | 과학 | 4과17-01 | 물이 이동하거나 상태가 변하면서 순환하는 과정을 생명체, 지표면, 공기 사이에서 일어나는 다양한 현상과 관련지어 설명할 수 있다. | 물 순환 과정 |
| | 농업·농촌 이해 교육 | 사회 | 4사04-02 | 촌락과 도시 사이에 이루어지는 다양한 교류를 조사하고, 이들 사이의 상호 의존 관계를 탐구한다. | 촌락과 도시의 상호의존 관계 |
| | | 과학 | 4과03-01 | 여러 가지 동물을 관찰하여 특징에 따라 동물을 분류할 수 있다. | 동물의 생활 |
| | | 과학 | 4과03-02 | 동물의 생김새와 생활방식이 환경과 관련되어 있음을 설명할 수 있다. | 동물의 생활 |
| | | 과학 | 4과03-03 | 동물의 특징을 모방하여 생활 속에서 활용하고 있는 사례를 발표할 수 있다. | 동물의 생활 |
| | | 과학 | 4과05-01 | 여러 가지 식물을 관찰하여 특징에 따라 식물을 분류할 수 있다. | 식물의 생활 |
| | | 과학 | 4과05-02 | 식물의 생김새와 생활방식이 환경과 관련되어 있음을 설명할 수 있다. | 식물의 생활 |
| | | 과학 | 4과05-03 | 식물의 특징을 모방하여 생활 속에서 활용하고 있는 사례를 발표할 수 있다. | 식물의 생활 |
| | | 과학 | 4과10-01 | 동물의 암·수에 따른 특징을 동물별로 비교해보고, 번식 과정에서 암·수의 역할이 다양함을 설명할 수 있다. | 동물의 한살이 |
| | | 과학 | 4과10-02 | 동물의 한살이 관찰 계획을 세우고, 동물을 기르면서 한살이를 관찰하며, 관찰한 내용을 글과 그림으로 표현할 수 있다. | 동물의 한살이 |

| 교과 교육과정 | | | | | |
|---|---|---|---|---|---|
| 학교급/학년(군) | | 교과 | 성취기준 코드 | 성취기준 | 교과 내용 요소 |
| 초 3~4 | 농업·농촌 이해 교육 | 과학 | 4과13-01 | 씨가 싹트거나 자라는 데 필요한 조건을 설명할 수 있다. | 식물의 한살이 |
| | | 과학 | 4과13-02 | 식물의 한살이 관찰 계획을 세워 식물을 기르면서 한살이를 관찰할 수 있다. | 식물의 한살이 |
| | | 과학 | 4과13-03 | 여러 가지 식물의 한살이 과정을 조사하여 식물에 따라 한살이의 유형이 다양함을 설명할 수 있다. | 식물의 한살이 |
| | 산림 교육 | 과학 | 4과05-02 | 식물의 생김새와 생활방식이 환경과 관련되어 있음을 설명할 수 있다. | 식물의 생김새와 생활방식과 환경의 관련 |
| | | 미술 | 4미01-01 | 자연물과 인공물을 탐색하는 데 다양한 감각을 활용할 수 있다. | 자연물과 인공물 탐색 |
| | 생물 다양성 | 과학 | 4과03-02<br>4과05-02 | 동물의 생김새와 생활방식이 환경과 관련되어 있음을 설명할 수 있다.<br>식물의 생김새와 생활방식이 환경과 관련되어 있음을 설명할 수 있다. | 동물의 생김새, 특징에 따른 동물 분류, 다양한 환경에 사는 동물 |
| | | 과학 | 4과06-03 | 화석의 생성 과정을 이해하고 화석을 관찰하여 지구의 과거 생물과 환경을 추리할 수 있다. | 과거의 생물 추리 |
| | 생태 계보호 | 사회 | 4사04-01 | 촌락과 도시의 공통점과 차이점을 비교하고, 각각에서 나타나는 문제점과 해결 방안을 탐색한다. | 촌락과 도시 |
| | | 도덕 | 4도04-01 | 생명의 소중함을 이해하고 인간 생명과 환경문제에 관심을 가지며 인간 생명과 자연을 보호하려는 태도를 가진다. | 생명의 소중함,<br>자연 보호 |
| | | 음악 | 4음01-05 | 주변의 소리를 탐색하여 다양한 방법으로 표현한다. | 주변의 다양한<br>생물 소리 |
| 초 5~6 | 물 보호 | 도덕<br>사회 | 6도03-04<br>6사08-03 | 세계화 시대에 인류가 겪고 있는 문제와 그 지구촌의 평화와 발전을 위협하는 다양한 갈등 사례를 조사하고 그 해결 방안을 탐색한다.<br>원인을 토론을 통해 알아보고, 이를 해결하고자 하는 의지를 가지고 실천한다. | 다양한 지구촌 문제와 해결,<br>올바른 의사결정<br>지구촌의 다양한 갈등 사례와 해결(자원) |
| | | 사회 | 6사07-03 | 세계 주요 기후의 분포와 특성을 파악하고, 이를 바탕으로 하여 기후 환경과 인간 생활 간의 관계를 탐색한다. | 기후와 물 분포 파악 |

| 교과 교육과정 | | | | | |
|---|---|---|---|---|---|
| 학교급/학년(군) | | 교과 | 성취기준 코드 | 성취기준 | 교과 내용 요소 |
| 초 5~6 | 에너지 교육 | 과학 | 6과02-01<br>6과13-03 | 태양이 지구의 에너지원임을 이해하고 태양계를 구성하는 태양과 행성을 조사할 수 있다.<br>전기를 절약하고 안전하게 사용하는 방법을 토의할 수 있다. | 에너지원으로서 태양, 전기 절약 |
| | 해양 교육 | 과학 | 6과05-02<br>6과05-03 | 비생물 환경 요인이 생물에 미치는 영향을 이해하여 환경과 생물 사이의 관계를 설명할 수 있다.<br>생태계 보전의 필요성을 인식하고 생태계 보전을 위해 우리가 할 수 있는 일에 대해 토의할 수 있다. | 생물이 우리 생활에 미치는 영향<br>비생물 환경 요인이 생물에 미치는 영향, 생태계 보전 |
| | 농업·농촌 이해 교육 | 사회 | 6사06-03 | 농업 중심 경제에서 공업·서비스업 중심 경제로 변화하는 모습을 중심으로 우리나라 경제성장 과정을 파악한다. | 식물의 한살이 |
| | | 과학 | 6과12-02 | 식물의 전체적인 구조 관찰과 실험을 통해 뿌리, 줄기, 잎, 꽃의 구조와 기능을 설명할 수 있다. | 식물의 구조와 기능 |
| | | 과학 | 6과12-03 | 여러 가지 식물의 씨가 퍼지는 방법을 조사하고, 씨가 퍼지는 방법이 다양함을 설명할 수 있다. | 식물의 구조와 기능 |
| | | 실과 | 6실04-01<br>6실04-02<br>6실04-03 | 가꾸기와 기르기의 의미를 이해하고 동식물 자원의 중요성을 설명한다.<br>생활 속 식물을 활용 목적에 따라 분류하고, 가꾸기 활동을 실행한다.<br>생활 속 동물을 활용 목적에 따라 분류하고, 돌보고 기르는 과정을 실행한다. | 동식물 자원의 중요성, 생활 속 동식물 가꾸고 기르기 |
| | | 실과 | 6실05-08 | 지속 가능한 미래사회를 위한 친환경 농업의 역할과 중요성을 이해한다. | 친환경 미래농업 |
| | | 실과 | 6실05-09 | 생활 속의 농업 체험을 통해 지속 가능한 생활을 이해하고 실천 방안을 제안한다. | 생활 속의 농업 체험 |
| | 산림 교육 | 과학 | 6과05-01 | 생태계가 생물 요소와 비생물 요소로 이루어져 있음을 알고 생태계 구성요소들이 서로 영향을 주고받음을 설명할 수 있다. | 생물 요소와 비생물 요소 |
| | | 실과 | 6실04-01 | 가꾸기와 기르기의 의미를 이해하고 동식물 자원의 중요성을 설명한다. | 생활 속 식물 가꾸기 |

<table>
<tr><th colspan="6">교과 교육과정</th></tr>
<tr><th colspan="2">학교급/학년(군)</th><th>교과</th><th>성취기준 코드</th><th>성취기준</th><th>교과 내용 요소</th></tr>
<tr><td rowspan="5">초 5~6</td><td rowspan="3">생물 다양성</td><td>사회</td><td>6사01-03</td><td>우리나라의 기후 환경 및 지형 환경에서 나타나는 특성을 탐구한다.</td><td>우리나라 기후 및 지형 환경 특성</td></tr>
<tr><td>과학</td><td>6과04-02</td><td>다양한 생물이 우리 생활에 미치는 긍정적인 영향과 부정적인 영향에 대해 토의할 수 있다.</td><td>다양한 생물의 영향</td></tr>
<tr><td>과학</td><td>6과05-01</td><td>생태계가 생물 요소와 비생물 요소로 이루어져 있음을 알고 생태계 구성요소들이 서로 영향을 주고받음을 설명할 수 있다.</td><td>생태계 구성요소</td></tr>
<tr><td rowspan="2">생태계보호</td><td>과학</td><td>6과05-03</td><td>생태계 보전의 필요성을 인식하고 생태계 보전을 위해 우리가 할 수 있는 일에 대해 토의할 수 있다.</td><td>생태계 보전</td></tr>
<tr><td>사회</td><td>6사08-05</td><td>지구촌의 주요 환경문제를 조사하여 해결 방안을 탐색하고, 환경문제 해결에 협력하는 세계시민의 자세를 기른다.</td><td>지구촌의 주요 환경문제와 해결, 지속 가능한 미래 건설</td></tr>
</table>

*중고등학교는 환경과 2022 개정 교육과정 성취기준을 참고

*발췌 부분 초안 편집자. 이미승 선생님

## 경기도 기후변화교육 교재 '기후가 변하고 있어요' 내용 체계 및 성취기준(초등 3~4학년)

(출처. 경기도 기후변화교육과정 중 일부 발췌)

### 가. 내용 체계

| 영역 | 핵심 개념 | 일반화된 지식 | 내용 요소 | 기능 |
|---|---|---|---|---|
| 기후 변화와 먹거리 | 먹거리 변화 | 기후변화로 인해 수확 가능한 먹거리의 종류가 변하고 자연재해가 더 자주 발생해 먹거리가 감소한다. | •기후변화로 인한 먹거리 변화<br>•기후변화로 인한 먹거리 위기 | •자신의 경험과 느낌을 표현하기<br>•타인의 입장 고려하기<br>•조사하고해석하기<br>•사례에 적용하기 |
| | 먹거리 생산 · 이동 | 먹거리가 생산되고 이동하는 과정에서 온실기체가 발생한다. | •먹거리 생산 과정에서의 온실기체 배출<br>•먹거리 이동 과정에서의 온실기체 배출 | |
| | 먹거리 소비 | 먹거리를 소비할 때 기후변화에 대응할 수 있는 선택을 해야 한다. | •로컬푸드<br>•제철 음식<br>•채식 지향 | |
| 기후 변화와 우리 마을 | 도시화 도시기후 | 도시가 기후변화에 미치는 영향이 매우 크다. | •도시로 인한 기후변화 가속화<br>•기상이변과 도시기후 | •자료 해석<br>•환경적 관점 기르기<br>•조사하고공유하기<br>•연대하여실천하기 |
| | 도시문제 온실효과 | 많은 사람들의 편리한 생활을 위해 많은 온실기체가 발생한다. | •도시화로 인한 온실기체 배출<br>•편리한 생활로 인한 온실기체 배출 | |
| | 친환경 마을 | 마을마다 기후변화에 대응하기 위해 다양한 노력을 하고 있다. | •기후변화에 대응하는 마을<br>•친환경 교통과 에너지 자립<br>•탄소포인트제 | |

<table>
<tr><th>영역</th><th>핵심 개념</th><th>일반화된 지식</th><th>내용 요소</th><th>기능</th></tr>
<tr><td rowspan="3">기후 변화 와 우리 나라</td><td>기상이변 과 기후변화</td><td>기후변화의 영향으로 기상 이변의 피해 규모와 빈도가 증가했다.</td><td>•우리나라의 기상 이변 현상<br>•기상이변과 기후변화의 관계</td><td rowspan="3">•자료 이해하고 설명하기<br>•조사하고 공유하기<br>•사례에 의미 도출하기<br>•실천 방안 구상하기</td></tr>
<tr><td>에너지의 생산과 소비</td><td>에너지원에 따라 에너지 생산 과정에서 발생하는 온실기체 발생량이 다르다. 에너지 소비 과정의 불균형 해소를 위해 절약을 실천해야 한다.</td><td>•우리나라의 에너지 소비 현황<br>•에너지원별 온실기체 배출량</td></tr>
<tr><td>기후변화 적응 대책</td><td>국가는 기후변화에 대응하기 위해 다양한 정책을 제시하여 추진하고 있다.</td><td>•우리나라의 에너지 전환 정책<br>•우리나라의 기후변화 적응 대책</td></tr>
<tr><td rowspan="3">기후 변화 와 세계</td><td>전 지구적 영향</td><td>기후변화는 전 지구적으로 다양한 영향을 불러일으킨다.</td><td>•기후변화로 인한 지표면의 변화<br>•기후변화로 인한 해수면 상승<br>•기후변화로 인한 생태계의 변화</td><td rowspan="3">•다른 생물의 입장 고려하기<br>•다양한 현상 분류하기<br>•비판적으로 평가하기<br>•바람직한 해결책 찾기</td></tr>
<tr><td>과학적 원리<br>국가별 차이</td><td>기후변화는 점점 더 심각해질 수 있다.<br>국가별로 기후변화에 기여한 바는 다르다.</td><td>•기후변화의 과학적 원리<br>•국가별 온실기체 발생량</td></tr>
<tr><td>세계적 실천</td><td>기후변화를 막기 위한 다양한 세계적 노력이 있다.</td><td>•기후변화에 대응하는 국가<br>•기후변화에 대응하는 기업<br>•기후변화에 대응하는 청소년</td></tr>
</table>

## 나. 성취기준

### (1) 기후변화와 먹거리

기후변화의 영향으로 먹거리가 변화하는 현상을 이해하고 먹거리 감소 문제의 심각성에 대해 공감한다. 먹거리의 생산과 이동과정에서 발생하는 온실기체가 기후변화의 원인이 된다는 것을 인식하고, 기후변화에 대응할 수 있는 먹거리의 선택 기준에 대해 탐색한다.

[4기01-01] 기후변화로 인해 수확 가능한 먹거리의 종류가 변화하는 현상을 이해한다.

[4기01-02] 기후변화로 인한 먹거리 감소 문제의 심각성에 대해 공감하고 다양한 방법으로 표현한다.

[4기01-03] 먹거리를 생산할 때 기후변화의 원인이 되는 온실기체가 발생하게 되는 과정을 이해한다.

[4기01-04] 먹거리의 이동 거리가 멀수록 기후변화에 더 큰 영향을 준다는 것을 이해하고 먼 곳에서 생산된 먹거리에 대해 파악한다.

[4기01-05] 온실기체의 발생을 줄일 수 있는 먹거리 선택 방법에 대해 알아보고 일상생활에 적용한다.

### (2) 기후변화와 우리 마을

학생의 주요 생활 공간인 '우리 마을'의 변화를 이해하는 과정에서 기후변화와 우리 마을의 관계를 탐색한다. 특히, 도시화로 인한 여러 문제, 도시기후와 온실효과의 의미를 바르게 이해하여 도시가 기후변화에 미치는 영향의 심각성을 이해한다. 도시에서의 효과적인 기후변화대응을 위해 교통·에너지 분야에 대한 노력의 중요성을 알고, 친환경마을의 다양한 기후변화대응을 탐색한다.

[4기02-01] 도시화로 인한 도시기후와 기후변화 현상을 인식한다.

[4기02-02] 도시문제 탐색을 통해 도시가 기후변화에 끼치는 영향의 심각성을 공감한다.

[4기02-03] 온실기체의 종류와 온실효과의 의미를 안다.

[4기02-04] 도시에서 온실기체가 발생하는 원인을 탐색하고, 편리함을 추구하는 생활방식이 기후변화에 큰 영향을 준다는 것을 이해한다.

[4기02-05] 친환경마을의 다양한 노력을 찾아 이야기할 수 있다.

[4기02-06] 기후변화대응을 위해 주인의식을 가지고 공동체와 함께 노력하려는 태도를 가진다.

### (3) 기후변화와 우리나라

기후변화의 영향으로 우리나라에서 발생하는 기상 이변 현상을 알아보고, 기후변화로 인한 자연재해의 심각성에 대해 공감한다. 에너지의 생산과 소비 과정에서 발생하는 온실기체가 기후변화의 원인이라는 것을 인식하고, 기후변화에 대응할 수 있는 우리나라의 에너지 전환에 대해 탐색한다.

[4기03-01] 우리나라에서 발생한 기상 이변 현상과 기후변화의 관계를 이해한다.

[4기03-02]기상 이변 현상을 통해 우리나라의 기후변화가 심각함을 공감한다.

[4기03-03]우리나라의 에너지 소비 양상을 알아보고, 가정뿐만 아니라 산업 현장 등 국가적인 차원의 에너지 절약이 필요함을 인식한다.

[4기03-04]우리나라의 에너지의 생산 과정에서 에너지원별 발전방법에 따라 온실기체 배출량이 다름을 이해한다.

[4기03-05]우리나라의 전기에너지 생산과 소비 과정의 지역 불균형이 있음을 이해한다.

[4기03-06]신재생에너지로의 전환이 필요한 까닭을 알고, 가정과 학교, 지역사회에서 실천할 수 있는 방법을 모색한다.

[4기03-07]우리나라의 기후변화 적응 대책을 알아보고, 공동체와 함께 노력하려는 태도를 가진다.

(4) 기후변화와 세계

지표면의 변화, 해수면 상승, 생태계 피해 등 기후변화로 인해 발생하는 전 지구적 영향을 탐색한다. 기후변화의 과학적 원리를 이해하고 기후변화가 인간 활동에 의해 발생하며 국가별로 온실기체 발생량이 다름을 인식한다. 기후변화를 막기 위한 국가, 사회, 학생들의 다양한 노력에 대해 공감하며 바람직한 해결책을 탐색한다.

[4기04-01] 기후변화가 전 지구적으로 발생시키는 다양한 영향을 탐색한다.

[4기04-02] 기후변화를 일으키고 심화시키는 과학적 원리를 이해한다.

[4기04-03] 기후변화가 인간 활동에 의해 발생하며 이에 영향을 미치는 온실기체 발생량이 국가별로 다름을 인식한다.

[4기04-04] 기후변화를 막기 위한 다양한 세계적 노력에 공감한다.

[4기04-05] 기후변화를 막기 위한 바람직한 해결책을 찾고 실천 의지를 다짐한다.

* 경기도 기후변화교육과정 개발자: 정한나, 심정은, 김범학, 박신희 선생님

## 마을 연계 환경교육 중심 학교자율시간 구성의 예

(출처. 2024 생태와 생화를 꿈꾸는 김포에 실린 저자의 프로젝트를 발췌하여 일부 수정)

| **학교자율시간 프로젝트명** | 우리 마을 우리 손으로 |
|---|---|
| **대상 학년 (소요 차시)** | 2학년 (23차시) |
| **프로젝트 중점 내용** | •6월 5일 환경의 날 '환경교육 집중주간'을 운영하기 위한 프로젝트<br>•마을 이야기로 순환자원의 중요성과 쓰레기 처리 문제의 심각성을 이해<br>•우리 지역의 문제를 초등학생의 위치에서 해결할 수 있는 방안 모색<br>•우리 학교에서부터 쓰레기를 줄이려는 자기주도적으로 실천 |

| 단계 | 차시 | 주제명 | 주요 학습 내용 및 활동 | 자료 및 유의점 |
|---|---|---|---|---|
| 탐구 활동 배경 지식 모으기 | 1-4 | 우리 마을 환경을 살펴보며 생태계를 이해해요. | [프로젝트 만나기]<br>• 마음 열기<br>- 우리 마을의 아름다운 풍경 감상하기<br>• 우리 마을의 모습 알아보기(태블릿 활용)<br>• 우리 마을을 생각하며 '우리 마을에 가면~' 말 덧붙이기 놀이하기 | 항공지도 및 우리 마을 소개 동영상 |
| | 5-8 | 우리 마을 이야기로 함께 살아가는 소중함을 생각해요 | [지역연계활동]<br>• 우리 마을을 지키는 사람들 알아보기 학생주도<br>- 경찰관, 소방관, 환경미화원, 시민 등등<br>• 우리 마을의 생태보물 생각하기<br>- 우리 마을의 생태보물은 무엇일까?<br>- 누가, 어떻게 지키고 있을까?<br>• 우리가 마을 생태환경에 관심을 가져야 하는 이유 생각해보기<br>- 우리 마을에 사는 우리가 관심을 가지지 않으면 마을의 생태보물을 지킬 수 없음을 깨닫기 | 마을 소개 자료 등 |
| | 9-10 | 함께하면 즐거워요 | [공동체 놀이]<br>• 우리 마을 지도 또는 생태자원의 모습 또는 크기를 다양한 신체를 활용하여 표현해보기<br>• 자연물을 활용하여 우리 마을 생태보물을 지키는 우리의 모습을 나타내기 | 운동장 등 야외공간에서 자유롭게 표현하기 |

| 단계 | 차시 | 주제명 | 주요 학습 내용 및 활동 | 자료 및 유의점 |
|---|---|---|---|---|
| 탐구 활동 계획 하기 | 11-12 | 선생님과 함께 탐구해요 | [프로젝트 탐구 안내]<br>• 세계 환경의 날의 의미와 생긴 이유 알기<br>- 다양한 쓰레기로 고통받고 있는 지구생태계 등<br>• 환경의 날을 맞아 우리 학교에서 우리 마을 생태 보물을 지키는 방법 이야기하기<br>- 또래 활동 기사 읽어보기<br>- 탄소중립학교 기사 찾아보기 | 분리 배출 하기 등 쓰레기 관련 자료 제시하여 활동 유도 |
| | 13-14 | 책에서 스스로 탐구해요 | [탐구 계획 세우기]<br>1. 쓰레기 관련 환경도서 읽기 학생주도<br>- 우리 집 또는 학교 도서관에서 책 찾기<br>- 친구들과 책 나눠 읽기<br>- 책을 읽고 알게 된 내용 공유하기<br>2. 탐구 계획 세우기<br>- 바른 분리배출 실천을 위한 모둠 구성하기<br>- 예시: 탐구해보고 싶은 쓰레기 종류에 따라, 인상 깊었던 책에 따라 등 주도적 탐구활동을 위한 모둠 구성 | 학교 자료를 적극적으로 활용 |
| 탐구 활동 실행 하기 | 15-17 | 지구적인 환경문제를 우리 마을의 시선에서 바라봐요 | • 순환되지 않는 쓰레기의 종류를 알고 집과 학교에서 나오는 쓰레기를 찾아 구분해보기<br>- 순환자원의 의미 이해하기<br>- 재활용품 구분법 알아보기<br>- 우리 집과 학교에서 나오는 쓰레기로 순환되는 쓰레기와 순환되지 않는 쓰레기 구분을 연습하기<br>• 우리 마을의 매립지 또는 재활용 시설 알아보기(태블릿 활용)<br>- 수도권매립지관리 공사 홈페이지 둘러보기<br>- 마을 자원화센터 둘러보기 | 컴퓨터실 또는 태블릿 등<br><br>직간접 체험학습으로 구성도 가능 |
| | 18-20 | 우리 마을에서 실천할 수 있는 친환경행동을 시작해요 | • 우리 집 또는 학교 쓰레기 탐구하기<br>- 학교 분리배출장 관찰하기<br>- 급식실 음식물 쓰레기 수거함 찾아보기<br>• 모둠별 활동하기 학생주도<br>- 모둠별 준비물, 역할 분담, 탐구 방법 정하여 실천하기<br>- 예시: 우리 학교에서 배출되는 쓰레기 종류 알아보기, 일주일 동안 우리 교실(학년, 학교)에서 버려지는 쓰레기봉투의 양, 우리 마을의 제로 웨이스트샵, 나눔 가게 조사하기 등 | |

| 단계 | 차시 | 주제명 | 주요 학습 내용 및 활동 | 자료 및 유의점 |
| --- | --- | --- | --- | --- |
| 삶 – 앎 연결하기 | 21-23 | 지속 가능한 우리 마을을 위해 노력해요 | • 미래 자원화센터, 쓰레기 수거 시설(로봇), 쓰레기매립장 상상하기<br>– 현재 설치되고 있는 다양한 재활용품 수거 로봇 알아보기<br>– 미래의 자원화센터에서 일하는 로봇 상상화 그리기 등<br>• 우리 집 또는 우리 학교 쓰레기를 줄이기 위한 제안서 작성하기<br>– 예시: 제안서에 들어가야 할 내용: 제안하는 대상, 제안하는 이유, 제안 내용을 포함 | 자유롭고 허용적인 분위기로 다양한 아이디어 표현하기 |

## 환경교육 참고 자료 사이트 모음

국가환경교육
통합플랫폼

경기도 환경교육센터
자료실

서울시 환경교육포털
자료실

학교환경교육
정보센터

지속가능발전포털

크레존 지속가능발전교육
수업모델

세종특별자치시
지속가능발전교육

국가환경교육 통합플랫폼
우수환경도서

국립생물자원관
생물다양성도서관

국립생물자원관
한반도의 생물다양성

국립생태원

수도권매립지
VR견학플랫폼

한끼밥상
탄소계산기

환경부
발행물

에너지온실가스
종합정보 플랫폼

기상청
기후정보포털